Herbert Koch
Einfach glauben
Botschaften des Jesus von Nazareth

Impressum

Herbert Koch
Einfach glauben
Botschaften des Jesus von Nazareth

Layout: Andreas Klinkert
Satz: Sabine Felbinger
Titelfoto: pa/GODONG/Fred De Noyelle
Montage: Publik-Forum
Druck und Bindung: Westermann Druck Zwickau GmbH
Auflage: 1/2012
© April 2012
Publik-Forum Verlagsgesellschaft mbH
Postfach 2010, 61410 Oberursel
ISBN 978-3-88095-226-3

FSC
www.fsc.org
MIX
Papier aus ver-
antwortungsvollen
Quellen
FSC® C022125

Herbert Koch

Einfach glauben

Botschaften des Jesus von Nazareth

HERBERT KOCH, geboren 1942, promovierte nach dem Theologiestudium bei Professor Eduard Lohse zum Dr. theol. im Fach Neues Testament. Außer im Gemeindedienst hat er als Gefängnisseelsorger und Industriepfarrer gearbeitet und ist heute Superintendent im Ruhestand. Mitarbeit in der »Ökumenischen Initiative Kirche von unten« (IKvu); mehrere Buchveröffentlichungen, zuletzt: »Der geopferte Jesus und die christliche Gewalt« (2009).

Inhalt

Vorwort

Im ersten Kapitel des Johannesevangeliums wird erzählt, wie der von Jesus in seinen engeren Kreis berufene Jünger Philippus aus dem galiläischen Städtchen Bethsaida einem anderen, Nathanael mit Namen, begeistert berichtet, man habe den Israel von den Propheten verheißenen Messias gefunden. Es sei »Jesus, Josefs Sohn, aus Nazareth«. Und Nathanael reagiert darauf mit der Frage: »Aus Nazareth? Kann von dort etwas Gutes kommen?« (Johannes 1, 46).

Der Unterschied zur Weihnachtslegende des Lukasevangeliums ist unverkennbar. Nicht vom Heiligen Geist gezeugt und von Maria jungfräulich geboren ist Jesus hier, sondern einfach »Josefs Sohn«. Und auch nicht aus Bethlehem kommt er, der »Stadt Davids«, dem Geburtsort des großen Königs unweit von Jerusalem, sondern aus dem kümmerlichen Nazareth in Galiläa, das so unbedeutend ist, dass Nathanael der Mitteilung des Philippus nur mit ungläubiger Skepsis begegnen kann: Was kann denn schon aus Nazareth Gutes kommen!

Auch der älteste schriftliche Bericht über Jesus, der vorliegt, das Markusevangelium, kennt nur die Herkunft Jesu aus Nazareth, weiß – wie auch der Evangelist Johannes – etwas von einer Taufe Jesu am Jordan durch den Asketen und Bußprediger Johannes und teilt dann mit: »Nachdem aber Johannes gefangen gesetzt war, kam Jesus wieder nach Galiläa und verkündete das Evangelium Gottes.«

Man muss das ausdrücklich festhalten: Das, was Jesus selbst mitzuteilen hatte – und nicht etwa eine der ebenso vielfältigen wie auch mitunter viel umstrittenen späteren Botschaften und Lehren über ihn –, das ist beim Evangelisten Markus »das Evangelium Gottes«. Das verdient besonderes Augenmerk. Denn in den letzten achtzig Jahren evangelischer Kirchen- und Theologiegeschichte wurde mit diesem

9

Evangelium eher so umgegangen, als teile man die Frage des Nathanael. Nicht zuletzt hat dazu eine Missdeutung der umfangreichen, vielfach aufgelegten Untersuchung Albert Schweitzers mit dem Titel »Geschichte der Leben-Jesu-Forschung« einiges beigetragen. Diese Fehldeutung besagt, dass aufgrund der jeweiligen Prägung der frühchristlichen Quellen durch die Botschaften über Jesus sich dessen eigenes Reden und Handeln gar nicht mehr in hinreichender Klarheit erheben lasse.

Albert Schweitzer wird zu Unrecht für diese Auffassung in Anspruch genommen, war jedenfalls ausdrücklich nicht dieser Meinung, wie man der »Schlussbetrachtung« seines viel zitierten, aber offenbar selten sorgfältig gelesenen Werkes entnehmen kann. Es ging ihm vielmehr darum, dass man es sich nicht durch Umdeutungen bequem einrichtet mit dem, was an der Botschaft Jesu so beschaffen ist, dass sich das in einer jeweiligen Gegenwart vorherrschende Denken dagegen sträubt. Oder weil es zur Ideologie religionsverwaltender Institutionen querliegt, wie man heute etwa im Blick auf den »Jesus« Joseph Ratzingers/Benedikts XVI. hinzufügen kann.

Nicht zuletzt beruht das auf der in ihrer Konsequenz so herausfordernden Einfachheit der originalen Botschaften des Nazareners, wie sie beim heutigen Forschungsstand weit besser noch erkennbar geworden sind als zu Schweitzers Zeit. Diese Einfachheit, die gerade auch durch ihre Verständlichkeit kritisch und anspruchsvoll ist, soll im Folgenden in verschiedenen thematischen Zusammenhängen erkennbar werden.

1. Glauben als Einfachglauben

Vertrauen – Anfang und Ende des Glaubens

»Einfach glauben« – zweifacher Sinn! Oder gar dreifacher. Man kann ein Ausrufungszeichen, ein Fragezeichen oder auch einen Punkt dahintersetzen. Und es kann die Betonung auf dem ersten oder dem zweiten Wort liegen. Um die vordere Betonung soll es hier vor allem gehen: um einen einfachen Glauben, der zumindest leicht zu verstehen ist, wenn auch möglicherweise nicht leicht zu haben.

Wer nach einem Buch mit diesem Titel greift, tut das vermutlich, weil diese Formulierung eine gewisse positive Erwartung in ihm ausgelöst hat. Dies möglicherweise auch nur als eine Neugier, die Ausdruck eines Interesses an Religion ist, das mit »Glaube« als vorgegebener Glaubenslehre nichts anfangen kann, gerade deshalb aber wissen möchte, was mit »*Einfach* glauben« denn wohl gemeint ist. Wie ist das beschaffen? Was steckt darin, was verbirgt sich in oder hinter dieser Formel?

Sie mag nach Vereinfachung klingen im Sinne von Reduktion, von Rückführung komplizierter theologischer Gedankengänge auf ihr Wesentliches, mag leichteres Verstehen ermöglichen von sonst schwer Verständlichem, ohne dabei zu simplifizieren. Das hat seinen Sinn, wenn es um Zugang zu kirchlicher Lehre für »Laien« geht, um Dogmatik light sozusagen. Um etwas in dieser Art aber soll es unter »Einfach glauben« nicht gehen. Nur hier und da vielleicht einmal, wo es zur Information nötig ist, aber nicht als Anliegen.

Worum es geht, sind die selbstevidenten Wahrheiten, die sich finden lassen in den Sprüchen, Reden und Aktivitäten des Jesus aus Na-

11

zareth, soweit sie uns mit einiger Gewissheit bekannt sind. Um Aussagen soll es gehen, die nicht durch einen Status gewährleistet werden, der ihnen von institutionell zuständiger Instanz verliehen wird. Sondern um gegründete Erkenntnisse in Botschaften, die aus sich heraus überzeugen, weil sie unmittelbar einleuchten. Womit sie Empfinden und Denken erhellen, im Wortsinne Einsicht herstellen. Musterbeispiel ist ein Jesuswort, dessen Erkenntnisqualität sich darin niedergeschlagen hat, dass es als die »Goldene Regel« bezeichnet wird: »Alles, was ihr wollt, dass es euch andere tun sollen, das tut ihr ihnen auch« (Matthäus 7, 12). Nichts Geringeres sei das, als »das Gesetz und die Propheten«, fügt Jesus hinzu, noch einfacher gesagt: Der Wille Gottes.

Solche Botschaften sind einfach, weil leicht zugänglich, haben aber Gewicht, weil sie gerade in und wegen ihrer Einfachheit anspruchsvoll sind. Dies aber nicht in einer dogmatisch-lehrhaft begründenden Weise, sondern als Formulierung unmittelbar einleuchtender Wahrheit, die intuitiv als solche erfassbar ist und zu spontaner Bejahung herausfordert. Denn das Evangelium Jesu ist, wie es der Religionspädagoge Hubertus Halbfas formuliert hat, »keine Lehre, sondern ein Lebensmodus, der nicht argumentativ bewiesen werden muss, weil er seine Überzeugungskraft aus sich selbst heraus besitzt« (»Glaubensverlust«, 2011).

Das eingangs vermutete positive Interesse ist dazu hilfreich. Denn einfach glauben kommt leichter zustande bei einer inneren Einstellung von positiver Erwartung. Mit anderen Worten: Einfach glauben ist von vornherein ein Akt des Vertrauens und damit von Anfang an auf Positives aus. So wie ja im allgemeinen Sprachgebrauch »glauben« immer diesen Aspekt hat, auch in ganz und gar profanen Zusammenhängen. Etwa im Sport: Der Trainer, der an seine Mannschaft »glaubt«, hat Vertrauen zu ihr, traut ihr Erfolg zu, ist in entsprechend positiver Erwartung.

Mit Glauben im religiösen Sinne kann es sich nicht anders verhalten. »Was mir nicht im Inneren Geborgenheit, Gelassenheit und Kraft und im Äußeren Orientierung für mein Verhalten gibt, ist nach meinem Empfinden nicht Glaube.« So hat es einer von zahlreichen prominenten Autoren in einem Sammelband mit dem Titel »Woran ich glaube« (herausgegeben von Karlheinz Deschner) formuliert. Und weiter: »Glauben heißt für mich: der Inneren Führung trauen und danach leben.« Glauben heißt also vertrauen. Mag vielleicht nicht immer identisch mit Vertrauen sein, ist aber nie ohne. Sonst darf von Glaube nicht die Rede sein. Was immer als Objektives, als Glaubenslehre, als Glaubensgegenstand geglaubt zu werden beansprucht – es muss diesem subjektiven Kriterium des Vertrauens standhalten. Vertrauen ist nicht blind, ist aber immer ein Vorgang mit einem starken emotionalen Anteil. Und kann somit auch nicht hervorgehen aus den Kompliziertheiten dogmatischer Rationalität. Deren objektive Logik als solche kann zu einem Beweis von Wahrheit, die Vertrauen erweckt, nie werden. Denn das entscheidende Wesensmerkmal lautet nun einmal: Glauben ist Vertrauen.

Eine bemerkenswerte Bestätigung findet das in dem wissenschaftlichen Meisterwerk »Wörterbuch zum Neuen Testament und der übrigen urchristlichen Literatur« des großen historischen Theologen aus der ersten Hälfte des 20. Jahrhunderts, Walter Bauer. Schlägt man es zum griechischen Stichwort *Pistis* auf, so kann man nachlesen, dass dieses in den Schriften des Neuen Testament so häufige Wort fast ausschließlich den Verwendungssinn »Vertrauen« hat. Die offiziellen, in der kirchlichen Praxis verwendeten Übersetzungen – die katholische »Einheitsübersetzung« und die evangelische Lutherbibel – übersetzen jedoch *Pistis* durchweg mit »Glauben«, was in unseren Ohren deutlich mehr den Sinn von Für-wahr-Halten anklingen lässt als den von Vertrauen. Den Textaussagen aber wird diese durchgängige Wiedergabe von *Pistis* mit »Glaube(n)« des Öfteren nicht wirklich gerecht. Zwei Beispiele aus der Jesusüberlieferung können das verdeutlichen: Am Anfang des 9. Kapitels des Matthäusevangeliums wird berichtet, dass man im Wissen um die Fähigkeit Jesu, Kranke zu heilen, einen Gelähmten sogar auf seinem Bett zu ihm gebracht habe. Und dazu heißt es dann bei Matthäus nach den gebräuchlichen Regelübersetzungen: »Als nun Jesus ihren Glauben sah, sagte er zu dem Gelähmten: Sei unverzagt, mein Sohn, deine Sünden sind dir vergeben.« Woraufhin dessen Heilung erfolgte. Es ist klar, dass mit Pistis hier im Originaltext die Qualität der Beziehung zu Jesus benannt ist, die für ihn wahrnehmbare subjektive Verfassung derer, die den Gelähmten zu ihm bringen. In der Bibelausgabe mit dem Titel »Die gute Nachricht« heißt es deshalb zu Recht: »Als Jesus sah, wie groß ihr Vertrauen war …« Ein außergewöhnliches Vertrauen wird zur Basis von Heilung, hier infolge der Heilung einer Seele auch zu der eines Körpers. So auch spielt es sich ab im selben Kapitel des Matthäusevangeliums bei der Herausforderung Jesu durch eine Frau, »die seit zwölf Jahren den Blutfluss hatte« und zu der Jesus beim Eintreten der Heilung nach der herkömmlichen Übersetzung ausdrücklich sagt: »Dein Glaube hat dir geholfen!« Auch hier heißt es anders und richtiger in der Übersetzung der »Guten Nachricht«: »Dein Vertrauen hat dir geholfen!« Erneut erwächst aus einem besonderen Vertrauen die Überwindung von Krankheit, und zwar als eine sehr reale körperliche Leidensbefreiung. Vergleichbares in einem anderen Zusammenhang findet sich im Jakobusbrief. Dort wird im fünften Vers des ersten Kapitels empfohlen, wenn jemand ratlos sei infolge mangelnder Weisheit, Hilfe im Gebet zu suchen. Und es verbindet sich damit die Mahnung: »Er bitte aber im Glauben und zweifle nicht.« Indem Zweifeln als der Gegensatz benannt wird, trägt auch hier die Verwendung des Wortes Pistis einen unverkennbar subjektiven Akzent, weshalb auch hier wieder »Die gute Nachricht« richtig liegt mit der Wiedergabe. »Er muss Gott aber in festem Vertrauen bitten.« Ob das auf so dringende Empfehlung hin dann auch tatsächlich zustande kommt, ist eine andere Frage. Diese Identität von Glauben und Vertrauen belegt indirekt auch das im Gottesdienst gebräuchliche »Apostolische Glaubensbekenntnis«. Sich mit den Inhalten dieses Bekenntnisses zu identifizieren ist nur einer kleinen Minderheit von Menschen noch möglich, und die Gründe, die es dafür gibt, sind gut nachvollziehbar. Der großen Mehrheit sind diese Aussagen weitgehend unzugänglich, sobald sie über das Bekenntnis zu Gott als dem Schöpfer hinaus- und in die »Heilsgeschichte« hineingehen. Als Zusammenfassung der christlich für die Gegenwart gültigen Lehre kann dieses Bekenntnis allein deshalb schon nicht mehr infrage kommen, weil es in seiner Vorstellungswelt ganz und gar an ein vorwissenschaftliches Weltbild gebunden ist.

Dennoch: Dieser Text meidet immerhin das direkte Ansagen negativer Inhalte. So wird zum Beispiel der Glaube an das »ewige Leben« bekannt, ohne dass zugleich auch vom ewigen Tod oder gar der ewigen Verdammnis die Rede wäre. Sie können nun einmal wie auch Hölle, Tod und Teufel niemals Gegenstand von Vertrauen sein und deshalb keinen Platz haben in einem Glaubensbekenntnis. Mit der Bekenntnisaussage, die lautet, Jesus werde wiederkommen, »zu richten die Lebenden und die Toten«, können sich solche Vorstellungen apokalyptischer Art und Herkunft allerdings leicht verbinden. Drohendes ist mit dieser Stelle des Bekenntnisses dann doch zu assoziieren, und Furcht statt Vertrauen kann sich einstellen. Ein Grund mehr, an diesem Text als einem Regelbestandteil des Gottesdienstes nicht so eisern festzuhalten, wie es noch immer der Fall ist.

Vertrauen – Ende von Furcht und Gehorsam

Warum ist das so im Glaubensbekenntnis? Die Antwort ist einfach: Weil man auf Hölle, Tod und Teufel nicht vertrauen kann. Genau genommen kann man sie auch nicht für wahr halten; nicht einmal dennoch – sozusagen nebenher – wenigstens für wahr halten und allein in diesem Sinne glauben. Denn wie sollte man etwas so Negatives, das man tatsächlich für existent hält, nicht doch, wenn man es schon für real ansieht, auch fürchten? Furcht aber beschädigt das Vertrauen als das Wesen des Glaubens, der dem jesuanischen Evangelium entspricht. Das Gegenteil dieses Glaubens heißt dementsprechend nicht Unglaube, sondern Furcht, Sorge, Angst, Misstrauen.

Zu Ende kommt so die Art von Glauben, den die Kirche – zumindest die große römisch-katholische, aber nicht nur sie – als den »Glauben der Kirche« als allein wahr und verbindlich meint vorgeben zu können und, mehr noch: auch meint vorgeben zu *müssen*, weil sie glaubt und beansprucht, dazu von Gott selbst beauftragt zu sein.

Vertrauen in Gestalt von Einfachglauben hat es sehr schwer mit diesem Glauben der Kirche. Wie er sich etwa für jedermann nachlesbar im Katholischen Erwachsenenkatechismus findet, einem hochverbindlichen Dokument mit einer Fülle von inneren Widersprüchen. Bestenfalls partiell wird Einfachglauben sich im dort niedergelegten »Glauben der Kirche« wiederfinden können. Überwiegend wird er ihn nur zurückweisen oder einfach nichts mit ihm anfangen können. Denn dieser dogmatisch verobjektivierte und verordnete Glaube formuliert zu einem erheblichen Teil Inhalte, denen nur das Gegenteil von Vertrauen adäquat ist. Was dann nicht einmal mit dem Wort Misstrauen angemessen benannt ist, sondern nur mit Begriffen wie Furcht, ja Angst. Höllenangst zuletzt. Denn dieser »Glaube der Kirche«, wie sie ihn als verbindlich anzuerkennen lehrt, kennt eine ewige Verdammnis in einer Höllenwelt, der für immer ausgeliefert wird, wer nach den Kriterien der Kirche im Zustand der »Todsünde« stirbt. Mindestens aber durch die höchst qualvolle, quasi körperliche Läuterung der Seelen im »Fegfeuer« hindurchzumüssen ist so gut wie jedem bestimmt. »Ewigkeit« ist dabei als unendliche Fortdauer von Raum und Zeit in einer jenseitigen Welt dargestellt, also völlig gebunden an raum-zeitliches menschliches Vorstellungsvermögen. Umso mehr kann das Ewige auch als äußerst Bedrohliches hier und jetzt wirksam werden und damit die das alles lehrende Kirche in Gestalt ihres priesterlichen Dienstes als unentbehrlich auf den Plan rufen. Denn die Kirche hat gegen dieses Hochbedrohliche nun aber auch kostbare, hochwirksame Mittel in Gestalt der »Sakramente«, von denen sie sagt dass sie ihr – und *nur* ihr (sprich: ihrem Klerus) – zum Heil für die Menschen zur Verwaltung anvertraut seien. Um dieser Mittel zum ewigen Leben teilhaftig zu werden, muss man jedoch einiges tun – insbesondere vieles lassen –, und es muss vor allem eines rechtzeitig geschehen: Beichte, Buße und Empfang des Abendmahls. An diese

Gnadenmittel der Kirche – so lehrt diese selbst – habe Gott sich gebunden, habe sie mit Verbindlichkeit in die Verantwortung der Priesterschaft der Kirche gegeben, die dazu durch das Weihesakrament exklusiv befähigt ist. Aus solcher furchtgespeisten Abhängigkeit befreit und befreiend herauszutreten ist ein wichtiger Schritt für jeden, der sich eine Kirche wünscht, die an der Menschenfreundlichkeit des Jesus aus Nazareth ausgerichtet ist. Dafür einfach einzutreten bedeutet, dass man auch der kritischen Begegnung mit dem Klerus und seiner Hierarchie auf Augenhöhe nicht aus dem Wege gehen kann und will. Eine weites Tor zu solcher Freiheit kann für jeden, der sie sucht, einer der bekanntesten Texte der Evangelienüberlieferung werden, die Beispielgeschichte des Nazareners vom Pharisäer und Zöllner, die im 18. Kapitel des Lukasevangeliums erzählt wird. Diese Männer stehen beide im Tempel, um zu beten. Der Pharisäer tut das innerlich wie äußerlich mit sehr erhobenem Haupte. Mit Stolz verweist er auf seine religiös-moralischen Leistungen, die er stets mit Sorgfalt erbringt. Und mit einem entsprechend verächtlichen Seitenblick auf den Zöllner betet er:»Ich danke dir, Gott, dass ich nicht bin wie andere, zum Beispiel der da!«

Dieser ist als Abgabeneintreiber ein Kollaborateur der römischen Besatzungsmacht, die ihm zugesteht, sich dabei auch einiges in die eigene Tasche zu wirtschaften. Als Betrüger und Volksverräter gilt er deshalb. Einen korrupten Abzocker würde man ihn heute vielleicht nennen. In der Regel also haben Zöllner alles andere als eine weiße Weste vorzuweisen. Aber dieser hier in der Geschichte, die Jesus erzählt, weiß das auch. Er ist sich dessen sehr bewusst oder jedenfalls bewusst geworden:»… wollte auch die Augen nicht aufheben zum Himmel«, heißt es in der Erzählung. Und er bringt deshalb auch nur fünf Worte hervor:»Herr, sei mir Sünder gnädig!« Und Jesus sagt von ihm, er sei auf diese vertrauensvolle Bitte hin vor Gott gerechtfertigt wieder hinab in sein Haus gegangen; der Pharisäer dagegen nicht, der ja genau genommen gar kein Gottvertrauen braucht angesichts der Leistungsbilanz, auf die er so deutlich hinweist. Was spielt sich da

17

Einfaches ab in dieser Beispielgeschichte? Was kann sie geradezu konstitutiv machen für »Einfach glauben«. Es ist dies, dass da kein kirchlicher Sündenkatalog benötigt wird, dass es keiner Bußleistung und keiner priesterlichen rituellen Reinheiten und sakramentalen Handlungen mehr bedarf, sondern dass einfach fünf Worte genügen. Diese, in Aufrichtigkeit gesprochen, haben es einfach in sich – alles, worauf es ankommt. Nichts darüber hinaus ist nötig. Fünf Worte genügen: »Herr, sei mir Sünder gnädig!« Wer sich auf nichts mehr beruft, was er vorweisen könnte, wie es der Zöllner tut, der kann nur einfach glauben, nur ganz vertrauen. Darauf allein kommt es an.

Einfacher, vertrauender Glaube, wie er hier zugrunde liegt, lässt sich auch einfach aussagen. Da ist nichts kompliziert, alles ist wirklich einfach; aber natürlich nicht beliebig und auch nicht billig: Den Zöllner kostet sein Gebet etwas, den Pharisäer dagegen das seine nichts, weshalb er auch nichts bekommt. Auch er müsste so einfach glauben wie der Zöllner, erst dann könnte er dessen Glauben überhaupt wahrnehmen und auch selbst in diese einfache, vertrauende Beziehung zu Gott eintreten. Der Kabarettist Hanns Dieter Hüsch hat es in einer seiner ungewöhnlichen Kölner Kanzelreden mit der Formel »Gott ist leicht« auf den Punkt gebracht. Eine paradoxe Weise, Gott wirklich Gewicht zu geben.

Einfach glauben statt »fest glauben«

Leichtigkeit – vom »Glauben der Kirche« bzw. seiner Aneignung lässt sich das nicht sagen. Charakteristisch für diesen ist vielmehr, dass die Kirche von ihm sagt, er sei »fest zu glauben«. Gleich ein halbes Dutzend Mal tritt diese Ausdrucksweise in einem der gewichtigsten vatikanischen Dokumente der jüngeren Zeit auf, der Verlautbarung »Dominus Jesus« aus dem Jahre 2000, und zwar in imperativischer Form: »Es ist fest zu glauben, dass …«

Der Doppelsinn von »einfach glauben« ist hier aufgelöst zugunsten von »einfach *glauben*«, nämlich blind, bedingungslos. Glauben weit über den Rahmen eigener Erfahrungsmöglichkeit hinaus. Glauben, was im besten Falle nicht Lehre, sondern Erfahrung anderer einmal gewesen ist, aber weit zurückliegende in einer vergangenen Zeit und Lebenswelt mit einem vergangenen Weltbild, das nie wieder Gültigkeit erlangen wird. Dem wird zugeschrieben, ewig gültige Offenbarung Gottes, seines Wesens und Willens, zu sein. Sich darauf gründen zu sollen macht Glauben zur gehorsamen Willensanstrengung – »fest« glauben ; Glauben als bewusst gewollter Verzicht auf den Zweifel, dessen Möglichkeit offenbar als stets vorhanden mitgesehen wird und die deshalb entschieden abgewehrt werden muss.

Mit der Gebotsformel »Es ist fest zu glauben, dass …« geschieht das auf eine erkennbar hilflose Weise. Denn was ist das für ein Glaube, wie kann er Menschen wirklich tragen und bewegen, wenn er offenbar auf so etwas wie eine Glaubensmoral angewiesen ist? Nicht Vertrauen erweckend ist hier, was als Inhalt des Glaubens ausgesagt wird, sondern Zustimmung erheischend, ja gebietend tritt die Institution Kirche für ihn ein. An die Stelle von Glauben als Vertrauen tritt Gehorsam gegenüber dem belehrenden Wort der Kirche, für das beansprucht wird, es sei Gottes offenbartes eigenes Wort und deshalb absolut verbindlich. Weshalb ernsthafter Zweifel am Kirchenwort gefährlich ist, weil von Gott trennend. Fürchte dich, der du das nicht annehmen willst!

Ein Verständnis von Unglaube in diesem Sinne kann es jedoch bei dem, was Jesus mitzuteilen hatte, als den Gegensatz zum Glauben gar nicht geben. Bei ihm ist das von vornherein nicht möglich. Denn das Gegenteil von Glauben als Vertrauen ist nicht »Unglaube«, sondern Abwesenheit von Vertrauen, was nicht selten in Furcht seinen konkreten Ausdruck finden kann. Entsprechend lautet, wenn die Bibel über Begegnungen berichtet, in denen Gott Menschen ganz nahe kommt, die Anrede an den Menschen nicht etwa: »Sei nicht ungläubig«, sondern sie lautet: »Fürchte dich nicht!« Wie es am bekanntesten ist aus der Begegnung zwischen den Engeln und den Hirten auf dem Felde in der Weihnachtsgeschichte des Lukas. Und wenn es in den offiziellen Bibelübersetzungen des letzten Verses von Kapitel 13 des Matthäusevangeliums heißt, Jesus habe unter den Menschen seiner Vaterstadt kaum Wunderheilungen vollbracht »wegen ihres Unglaubens«, so ist auch hier in »Die gute Nachricht« wieder richtiger formuliert, wenn dort übersetzt wird: »Weil sie ihm das Vertrauen verweigerten, tat er dort nur wenige Wunder.«

Nun ist das aber nicht überraschend, dass die römische Kirche auch am Übergang zum 21. Jahrhundert ihren Gläubigen noch mitteilt, es sei »fest zu glauben, dass ...«, wie es in dem erwähnten vatikanischen Dokument »Dominus Jesus« eine mehrfach an wichtigen Stellen gebrauchte Formulierung ist. Es gibt eine objektive, der Kirche anvertraute Wahrheit. Dass die Beziehung des einzelnen Getauften zu seiner Kirche dann eine Gehorsamsbeziehung ist, liegt also in gewisser Weise auf der Hand. Sie, die Kirche, fordert diese Art von Beziehung ja zum ewigen Heil der Gläubigen! Wie könnte sie dann darauf verzichten?

Und auch die evangelische Kirche legt unverkennbaren Wert auf die offiziell gültige kirchliche Lehre als Glaubensbasis. Die neueste Ausgabe des »Evangelischen Erwachsenenkatechismus« (2010) lässt daran keinen Zweifel. Mehr als 1000 Seiten umfasst dieses Werk, das man trotz dieses enormen Umfangs als Katechismus bezeichnet. Und es beginnt mit der offenbar als grundlegend gemeinten Feststellung: »›Ich glaube ...‹ – mit diesen Worten beginnen Bekenntnisse.« Und sogleich wird das oben als einigermaßen problematisch erkannte, vorgeblich »Apostolische« Glaubensbekenntnis, wie es zu jedem Gottesdienstablauf gehört, als absolut wesentlich für das Christsein überhaupt hingestellt: »Im Bekenntnis des Glaubens findet die christliche Existenz zu ihrer Mitte.« Wirklich? Wohlgemerkt: Gemeint ist das kurz »Apostolikum« genannte Bekenntnis mit seiner mythologischen, von der Jungfrauengeburt bis zur allgemeinen Totenauferstehung reichenden Vorstellungswelt, die unauflöslich verbunden ist mit einem antiken Weltbild, das mit wissenschaftlicher Erkenntnis von heute völlig unvereinbar ist. »Mitte christlicher Existenz« dennoch auch im 21. Jahrhundert? Zumindest die Formel »einfach glauben« ist darauf jedenfalls nicht anwendbar.

Vom autoritativ vorgegebenen »Glauben der Kirche« zu sprechen, in den man einfach mit einstimmt, womit man zum »Gläubigen« wird, das ist in der evangelischen Kirche zunächst etwas Unübliches. Der »Evangelische Erwachsenenkatechismus« aber stellt in seiner neuesten Fassung mit seiner von Anfang an entschiedenen Bezugnahme auf das »apostolisch« genannte Glaubensbekenntnis durchaus eine Parallele dazu an seine Spitze. Und seine Verfasser erklären in schlichter Analogie zur römischen Kirche das Bekenntnis für praktisch völlig unhinterfragbar, indem man meint, an ihm festhalten zu müssen: »Immer neu im Gottesdienst gesprochen und wiederholt, verbindet es uns nicht nur mit den Anfängen der Kirche, in welche die christlichen Bekenntnisformulierungen zurückreichen. Es schließt uns auch mit den Christinnen und Christen heute zusammen, bringt etwas von der weltumspannenden Dimension der Kirche Jesu Christi zum Ausdruck.«

Was für eine enorme, einsame Leistung dieses Textes! Wie könnte man sich davon verabschieden dürfen? Wo darin christliche Existenz »zu ihrer Mitte findet«!? Das kann einen zum Spott reizen. Denn es fällt einigermaßen schwer, davon auszugehen, dass dies nicht nur die rechtgläubigkeitspflichtige Lehre, sondern auch die eigene, ganz persönliche Erfahrung derer ist, die das formuliert bzw. verabschiedet haben. Schließlich ist die folgende Anmahnung zu der vorgeblich christlichen Mitte schon ein Jahrhundert alt, die sich in der ältesten religionssoziologischen Erhebung des 20. Jahrhunderts findet: »Das Glaubensbekenntnis muss so formuliert sein, dass nicht nur in mittelalterlichen Anschauungen zurückgebliebene, sondern auch Menschen der Jetztzeit mit reinem Gewissen das ›Ich glaube‹ sprechen können, dass also jeder Weltanschauung Gerechtigkeit widerfährt« (Paul Piechowski, »Proletarischer Glaube«, 1928).

Die Sätze des »Evangelischen Erwachsenenkatechismus« über das Bekenntnis sind ihrerseits reines Bekenntnis, sind selbst ein Beleg für die Vorherrschaft von dogmatischer Denkweise in den kirchlichen Köpfen. Denn es gibt natürlich keinerlei Nachweis dafür, dass die christliche Weltbevölkerung, würde man sie befragen können, tatsächlich das Apostolische Glaubensbekenntnis als das benennen würde, was sie als Christen am meisten miteinander verbindet. Es entspricht zudem nicht einmal der historischen Wahrheit, dass dieses Bekenntnis dem Kreis der zwölf Jünger Jesu entstamme, die gemeinsam mit Paulus die Apostel genannt werden. Vor allem aber ist es weitgehend außerstande, gegenwärtiger Lebenswirklichkeit und heutigem Bewusstsein von Menschen zu entsprechen und Ausdruck zu geben.

Das »Apostolikum« ist auch im ganz wörtlichen Sinne ein legendäres Produkt der Kirche aus einer längst vergangenen Zeit und Welt und kann deshalb in Wahrheit gar nicht leisten, was der »Evangelische Erwachsenenkatechismus« ihm zuschreibt. Wie könnte es das auch als dogmatisch fixierte metaphysische »Heilsgeschichte«? Sodass in ihm auch gar kein Platz sein kann für alles, was den historischen Jesus aus Nazareth ausgemacht hat, von dem der Evangelist Markus sagt, seine Verkündigung sei »das Evangelium Gottes« (Markus 1, 14). Es sei da ein »Loch« in diesem Glaubensbekenntnis, hat Hubertus Halbfas ungewöhnlich, aber sehr treffend formuliert.

Wenn man gleichwohl ein vorgeformtes Bekenntnis für die liturgische Gestalt des Gottesdienstes und als christliches Gemeinschaftssymbol für erforderlich ansieht, könnte eine heutige Alternative versuchsweise in etwa so aussehen (frei angelehnt an einen Text des Schweizer Pfarrers und Schriftstellers Kurt Marti):

Ich glaube an Gott, der Liebe ist, den Schöpfer in allem, was ist.
Ich glaube an Jesus, Gottes Menschen für uns, den Anwalt der Bedrängten und Unterdrückten, der das Reich Gottes verkündete; deshalb am Kreuz ausgeliefert wurde der Macht des Todes, aber unsterblich wurde für seine Jünger.
Er ist der Weg, die Wahrheit und das Leben.
Er wirkt weiter zu unserer Befreiung.

22

Ich glaube an den Geist Jesu, der uns bewegt und verbindet als Schwestern und Brüder in aller Welt.
Ich glaube an die Vergebung der Sünden, an den Frieden auf Erden und an eine Erfüllung des Lebens über unser Leben hinaus.

Ein wesentlicher Unterschied zum »apostolischen« Bekenntnis besteht bei diesem Text darin, dass er auf das verzichtet, was Jörg Zink sehr treffend als »übernatürliche Biografie« Jesu bezeichnet hat. Damit wird ein solcher Text auch aufgeklärtem Menschenverstand im 21. Jahrhundert zumutbar, der seit Langem an etlichen Formulierungen des »Apostolikums« sehr berechtigt Anstoß nimmt.

Womit sonst, wenn nicht mit Kopfschütteln muss ein heute lebender und denkender Mensch etwa das geforderte Bekenntnis zur Jungfrauengeburt zur Kenntnis nehmen, verbunden mit der Behauptung der physischen Zeugungsfähigkeit eines »Heiliger Geist« genannten übernatürlichen Personwesens. Welche Furcht eigentlich regiert die Köpfe in Theologie und Kirche in einem solchen Maße, dass man offenbar außerstande ist, solchen Traditionsballast dem Evangelium endlich aus dem Weg zu schaffen und in die Dogmengeschichte der Kirche hinein zu entsorgen?

Die sehr offene Formulierung, Jesus sei »der Weg, die Wahrheit und das Leben« macht den obigen Vorschlag eines Bekenntnistextes ja auch keineswegs traditionsvergessen, sondern verknüpft ihn mit gewichtigen Grundbegriffen des Johannesevangeliums und ist insofern auch auf eine »christologische« Deutung der Person Jesu aus der Frühzeit des Christentums bezogen. Dem Vertrauenscharakter des Glaubens kann ein Bekenntnis dieser Art weit eher entsprechen als der Anspruch eines vorgegebenen traditionszementierten »Glaubens der Kirche«, für wahr gehalten zu werden, weil ihn nun einmal die vorgeblich göttliche Autorität der Institution Kirche für absolut gültig und deshalb unabänderlich erklärt hat.

Von Letzterem frei ist, wie sich zeigt, auch kirchliches Denken evangelischer Konfession nicht. Für evangelische Kirchen allerdings weniger charakteristisch ist es im ökumenischen Vergleich, ihren Mitgliedern auch mit Gehorsamsforderungen gegenüber der Lehre und entsprechender Kontrolle oder zumindest Kontrollversuchen zu begegnen. Dafür ist der Stellenwert zu hoch, den die Unmittelbarkeit des einzelnen Gläubigen zu Gott historisch in der evangelischen Kirche einnimmt. Das hat jedoch die in der zweiten Hälfte des 20. Jahrhunderts im Protestantismus vorherrschende Theologie nicht gehindert, ihrem Denken mit dem Begriff »Glaubensgehorsam« in besonders charakteristischer Weise Ausdruck zu geben. Glaube sei »echter Gehorsamsakt«, hat Rudolf Bultmann in seiner »Theologie des Neuen Testaments« (1958) einmal formuliert, einer der ganz herausragenden unter den evangelischen Theologen des 20. Jahrhunderts.

Es hatte dies mit zum Hintergrund, dass man im sogenannten Dritten Reich mit einer Staatsmacht konfrontiert war, die ihrerseits bedingungslosen Gehorsam forderte, und dies für Ziele, die heute als im christlichen Sinne eindeutig gottlos gelten. Seinerzeit aber gab es in beiden Konfessionen eine beträchtliche Zahl von Bischöfen, Pfarrern und Professoren der Theologie, die sich mit dem Nationalsozialismus weitgehend identifizierten. Insbesondere für Adolf Hitler als Kriegsherrn wurde mit großer Regelmäßigkeit öffentlich und inständig gebetet.

Von verschiedenen kirchlichen Traditionen her konnte es dazu kommen: Zum einen war das die in den Kirchen seit Langem gepflegte und sehr prinzipielle Demokratiefeindlichkeit. In Joseph Ratzingers sehr kritischer Charakterisierung des Zeitgeistes als »Diktatur des Relativismus« zeigt sie sich bis heute als nicht überwunden. Gleichermaßen wirksam war auch der seit fast 2000 Jahren bestehende aggressive kirchliche Antijudaismus, gipfelnd in der schon in der christlichen Frühzeit entstandenen Bezeichnung der Juden als »Gottesmörder«. Im 19. Jahrhundert verwandelte sich dieser Antijudaismus in rassistischen Antisemitismus und wurde mit der Verurteilung des demokratischen Denkens verknüpft. Denn Demokratie bedeutet ja gleiche Rechte und Pflichten für alle, also auch für Juden.

Ein Grund mehr, sie zu bekämpfen. 1939 dann den Krieg zu bejahen und moralisch zu stützen war für die Kirchen ebenfalls kein Problem. Man hatte damit ja reichlich Erfahrung, die erst zwei Jahrzehnte zurücklag und die einzubringen man sich nun geradezu aufdrängte. Und Hitlers Einfall in die Sowjetunion konnte man wegen deren atheistischer Ideologie ja sogar als Kreuzzug verstehen.

Wo man in Kirche und Theologie gleichwohl vom Nationalsozialismus nicht infiziert war und – zumindest innerlich – opponierte, wurde die Struktur der eigenen Denkweise zugleich aber doch von der Gegenseite mit geprägt: Nur mit Bezug auf die absolute Autorität Gottes meinte man, der Absolutheit der Nazi-Wahnvorstellungen vom Herrenmenschenherrschertum über ganz Europa noch begegnen zu können bzw. dem Rückfall vorbeugen zu müssen nach dem schnellen, aber furchtbaren Verlauf und Ende der 1000 Jahre, die dieses »Dritte Reich« sich selbst gegeben hatte. Deshalb bei Theologen wie Karl Barth und Rudolf Bultmann und vielen ihrer Schüler diese eigentümliche Wortschöpfung »Glaubensgehorsam«. Wo es ja die Erfahrung schlechthin geworden zu sein schien, dass unbedingt alles darauf ankommt, dass sich göttliche Gegenmacht gegen menschlich Hybris Geltung verschaffen kann. Dennoch: Man muss ja den Begriff »Glaubensgehorsam« nur einmal umwandeln in »Vertrauensgehorsam«, wie es dem Originalton des Neuen Testaments entspräche. Dann wird unübersehbar, dass da etwas nicht stimmen kann.

Dem Verständnis des Glaubens ist die Gehorsamsperspektive folglich in der kirchlichen Praxis auch nicht gut bekommen, so nachvollziehbar ihre Entstehung im Blick auf den historischen Hintergrund auch sein mag. Sie hat unter anderem eine starke Neigung zu moralischer Gesetzlichkeit mit hervorgebracht. In mancher evangelischen Predigt hat sich das niedergeschlagen wie auch in der pastoralen Unsitte, moralische Forderungen in gottesdienstliche Gebete umzumünzen, die stets formelhaft mit »Lass uns …« beginnen, Fortsetzung: das moralisch Richtige und Notwendige tun, über das der Pfarrer dann im Fortgang des Gebetes genau unterrichtet. So wird Beten missbraucht als eine Abart von Moralpredigt und werden Gottesdienstgemeinden um ein wirkliches Gebet gebracht, das auch Gott selbst noch etwas zutrauen würde. Bis heute ist das in evangelischen Gottesdiensten immer wieder zu erleben.

Eine andere Wurzel des Begriffs Glaubensgehorsam ist in dem negativen kirchlichen Menschenbild zu finden, das in der Lehre von der »Erbsünde« seinen nicht mehr zu steigernden Ausdruck findet. Dieses negative Menschenbild findet sich schon im Neuen Testament bei Paulus, der in seinem Brief an die Römer die Tatsache der Sterblichkeit des Menschen als gottgewollte Sündenstrafe lehrt (Römerbrief 6, 23: »Der Sünde Sold ist der Tod«). Es findet nach einer längeren Entwicklung seinen Höhepunkt im 4. Jahrhundert in der Erbsündenlehre des Heiligen Augustinus, dem bis heute einflussreichsten unter den Bischöfen der ersten christlichen Jahrhunderte, die als die Zeit der »Alten Kirche« bezeichnet werden.

Für Augustin ist sexuelles Lustempfinden immer Sünde. Da es aber ohne Lust keinen Zeugungsakt gibt, wird mit diesem auch die menschliche Sündhaftigkeit bereits übertragen. Der Mensch ist somit wesentlich Sünder, seiner Natur nach und durchgängig von der Wiege bis zur Bahre. Wie könnte da eine Lehre über die dennoch mögliche Beziehung des Menschen zu Gott ohne den Begriff des Gehorsams auskommen?

Schließlich lässt sich ja für den »Glaubensgehorsam« auch ein besonders großes biblisches Vorbild vor Augen stellen: Israels Stammvater Abraham. Ebenfalls im Römerbrief des Paulus steht er da als das Glaubensvorbild schlechthin. Und sieht man auf seine Geschichte, wie sie im 1. Buch Mose erzählt wird, so kann er leicht auch als das Musterbild eines bedingungslosen Gehorsams erscheinen. Denn dieser reicht bei ihm ja hin bis zur Bereitschaft, Gott den einzigen, so lange erhofften und ersehnten Sohn zu opfern (1. Mose 22). Gott selbst unterbindet die Opferung dann.

Dieser Vorgang ist religionsgeschichtlich betrachtet die Abschaffung des menschlichen Erstgeburtsopfers für Gott, wie es in der Frühzeit der religiösen Menschheitsgeschichte nicht selten war. Aber Abrahams striktes Gehorsamsvorbild bleibt mit der Überlieferung dieser Erzählung verbunden. Erst im Jahr 1988 unternahm es der Schweizer Theologe Hans Weder in einem Vortrag vor der Synode der Evangelischen Kirche in Deutschland (EKD), den Glauben Abrahams im Verständnis des Paulus als »Vertrauen auf Gott als die Lebensmacht« zu deuten. Es spricht für sich, dass es dieser Klarstellung offenbar bedurfte.

Und es bedarf ihrer immer wieder angesichts einer anscheinend unvermeidlichen Neigung von Religionsinstitutionen – auch der Kirchen! – zur Gesetzlichkeit. Denn ein strukturelles Wesensmerkmal von Institutionen ist ja die Hervorbringung von Verwaltungen. Was sich im kirchlichen Bereich auch sprachlich darin niederschlägt, dass es traditionell und üblich den Begriff der »Sakramentsverwaltung« gibt.

Was aber »Vertrauen« genannt wird, ist rational wie emotional ein so subjektiver Vorgang, dass er sich jeglicher Art von Verwaltung entzieht. Ganz anders ist das mit dem »Glaubensgehorsam« als einem Glaubensbegriff, der sich für eine Umsetzung in konkrete Gehorsamsforderungen geradezu anbietet. Womit die kirchliche Institution als Verwaltungs- und damit auch Machtinstanz nicht nur als sozusagen organisatorisch unvermeidlich, sondern im wörtlichen Sinne als wirklich notwendig ins Spiel gebracht wird. Weil sie nunmehr nämlich als real existierende und genau deshalb »heilsnotwendige« Institution und Instanz allein als verbindliche Heilsverwaltung tätig und wirksam werden kann.

Wie er es am Beispiel des im Tempel betenden Zöllners so eindrucksvoll dargestellt hat, bedarf das Evangelium des Jesus aus Nazareth all dessen nicht. Dieses Evangelium, das man zusammenfassend auch als die Botschaft von der unendlichen Vertrauenswürdigkeit Gottes bezeichnen kann. Das Vertrauen, das aus den konkreten Tatbeispielen, Worten und Gleichnisreden erwächst, mit denen Jesus diese Botschaft verdeutlicht hat, ist gerade deshalb geschützt dagegen, sich auf Machtansprüche und Gehorsamsforderungen von Institutionen – welcher Art auch immer – einzulassen. Denn diese Botschaft, wenn sie wirklich gehört wird, eignet sich nicht dafür, in dergleichen umgemünzt zu werden.

Mit der Wiedergewinnung des Vertrauens als konstitutiven Elements und Wesensmerkmal christlichen Glaubens ist aber auch Verabschiedung angesagt von einer bei nicht wenigen »progressiven« Pfarrern lange Zeit vorhandenen Neigung zu hyperkritischer Wahrnehmung gesellschaftlicher Realitäten sozialethischer Natur, womit sich eine entsprechende Denk- und Predigtweise zu verbinden pflegt. Kritische Sichtung der Wirklichkeit ist unentbehrlich. Sie ergibt sich ganz von selbst aus den Maßstäben, die der Nazarener einmal gesetzt hat. Aber eine grundlegende christliche Skepsis kann es, wo Glauben immer mit Vertrauen identisch ist, nicht geben. Denn Vertrauen bezieht sich nun einmal auf das Positive, das Vertrauenswürdige, das zumeist auch vorhanden und nur selten vollständig abwesend ist. Glauben als Vertrauen bedeutet deshalb eine zwar nie naiv unkritische, wohl aber in ihrer Grundeinstellung doch positiv gestimmte Art von Denken und Handeln.

2. Einfach glauben – positiv denken

Die vorhandene Vergebung

Die schon erwähnte Heilung eines Gelähmten, über die der Evangelist Matthäus am Beginn seines 9. Kapitels berichtet, wird herkömmlich zu den »Heilungswundern« Jesu gezählt. Es ist auch zweifellos außergewöhnlich, was sich dabei abspielt, aber durchaus nichts Übernatürliches, das nur zustande käme, weil hier der echte und einzige Sohn Gottes agiert. Eine Zauberformel, ein Abrakadabra ist es schließlich nicht, wenn Jesus zu dem Gelähmten sagt: »Sei guten Muts, deine Sünden *sind* dir vergeben.«

Warum eigentlich dieser Satz? Da ist einer schwer krank und Jesus fängt von seinen Sünden an! Was hat das eigentlich mit der Lähmung zu tun? Offenbar viel. Mit der Überzeugung nämlich, wie sie verbreitet war, dass Krankheit göttliche Sündenstrafe ist, schwere Krankheit Straffolge für entsprechend schwere Sünden. So ist nun Jesus selbst hier konfrontiert mit der Kombination von negativem Gottes- und Menschenbild, wie sie sich wiederfindet in der späteren Deutung seines Kreuzigungstodes als Sühnopfer. Und wie Augustin sie mit seiner Erbsündenlehre so auf die Spitze getrieben hat, dass er sogar der Überzeugung war, ungetauft gestorbene Säuglinge seien der ewigen Verdammnis preisgegeben, weil ererbt sündhaft, aber noch keinem der kirchlichen Gnadenmittel teilhaftig.

Jesus nun geht offenbar davon aus, dass in diesem Gelähmten, den man da in großer, vertrauensvoller Erwartung auf seinem Bett zu ihm bringt, dass in diesem Menschen dieses doppelte Negativbild eine fatale, anscheinend unaufhebbare Wirkung hervorgebracht hat.

Dass es Unheilbarkeit bedeuten kann, wenn ein Schwererkrankter diesen völlig negativen Glauben an einen mit Krankheit strafenden Gott tief innen vollständig teilt, mag uns Heutigen mit unserem aufgeklärten Wissen über Krankheitsursachen nur schwer noch nachvollziehbar sein. Manches aber, das auch uns vertraut ist, kann einen neuen Zugang eröffnen. Immerhin kennen wir bestimmte sprachliche Ausdrücke, die zwischen seelischer und körperlicher Verfassung deutlich einen Zusammenhang zu erkennen geben: Dass uns etwas »in die Glieder gefahren« sei zum Beispiel. Und man war möglicherweise auch selbst schon einmal in einer seelischen Verfassung – vielleicht lang anhaltend auch –, über deren Auswirkung man rückblickend sagen musste, man sei »wie gelähmt« gewesen. Womit natürlich Körper und Seele gleichzeitig und in ihrem engen Zusammenhang gemeint sind. So wie es auch nicht das Geringste mit falscher Ernährung zu tun hat, wenn jemand sagt, es sei ihm etwas »auf den Magen geschlagen«.

Jesus trifft das vergleichbar geartete Problem, mit dem er es im Falle des Gelähmten zu tun hat, offenbar im Kern mit seinen Worten: »Deine Sünden sind dir vergeben.« Er löst damit die innere Lähmung, indem er einen positiven, vertrauenden Glauben ausspricht und weckt, eine innere Bewegung auslöst, durch die auch die äußere Bewegungslosigkeit aufgehoben wird. Ein Vorgang, der durchaus mit Erkenntnissen moderner medizinischer Wissenschaft übereingeht. So kennt diese seit Längerem schon den Begriff der Psychosomatik als Bezeichnung für den nicht selten in Krankheit wie Gesundheit erkennbar vorhandenen unmittelbaren Zusammenhang von Seele und Körper. Dem dürften sowohl das Auftreten von bisher unerklärbaren »Spontanheilungen« zuzuordnen sein wie auch hypnotische Heilverfahren oder die mit dem Begriff »Placebotherapie« bezeichneten Phänomene, die als tatsächliche Möglichkeiten auch von der »Schulmedizin« heute großenteils anerkannt sind. Wie gut wirkstofffreie »Heimwehtabletten« gegen Heimweh helfen, wusste man in Kinderferienstätten ja schon lange.

Die Heilungen, die Jesus vorgenommen hat, in solcher Perspektive zu betrachten ist allerdings geeignet, heftigen Widerspruch auf der Seite von fundamentalistisch Gläubigen und ihren Kirchenlehrern hervorzurufen, die als Glauben nur gelten lassen wollen, was mit einer Vorstellungswelt einhergeht, in der ein Wunderwirken Gottes nur ein übernatürlicher Vorgang sein kann, der die Naturgesetze außer Kraft setzt und deshalb für Menschen unerklärlich bleibt. Nur dies sei »biblisch«. Da sind die Heilungen Jesu dann »echte« Wunder, bewirkt durch die übernatürlichen Kräfte des übernatürlich vom Himmel gekommenen, also geistgezeugten und von der Jungfrau geborenen Gottessohns.

Es ist jedoch sehr zu beachten, dass Jesus nicht sagt: »*Ich* vergebe dir deine Sünden«, sondern formuliert: »Deine Sünden *sind* dir vergeben.« Denn damit ist von Gott in einer bestimmten Weise die Rede, die so viel besagt wie: »Der, an dessen unaufhebbare Strafe du glaubst, hat dir in Wahrheit deine Sünden längst vergeben!« Oder richtiger noch und ganz einfach: »Gott *ist* Vergebung.« Es ist einfach falsch, dass Krankheit von ihm verhängte Strafe sei. Mit der Aussage, dass dem so sei, wird dem geglaubten und deshalb höchst wirksamen negativen Gottesbild durch die Ansage seines Gegenteils der Boden entzogen. Und dies bewirkt die Befreiung von der Angst, die alles – Seele und Leib in einem – zu lähmen vermag. Das ist das wirkliche Wunder, sagt der Matthäustext; Wunder genug. Diesem Gott, von dem Jesus spricht, sind Zorn und Strafe als Bestimmung seines Wirkens wesensfremd, wie sich hier zeigt. Sie werden ihm vielmehr menschlichem Wesen entsprechend unterstellt. Weshalb es auch ihm nicht wirklich angemessen ist, von seiner Gnade zu sprechen, wie es kirchentraditionell weithin üblich ist. Gnade ist ja das, was Zorn hintanstellt und Strafe außer Vollzug setzt. Bei Jesus dagegen ist das entscheidende Wesensmerkmal Gottes seine Barmherzigkeit. So etwa in Lukas 6, 36: »Seid barmherzig, wie auch euer Vater barmherzig ist.«

Diese integrierte göttlich-menschliche Barmherzigkeit ganz neu und ohne jeden Zweifel glaubwürdig angesagt und in Kraft gesetzt zu haben, darin besteht die generell heilende Ausstrahlung Jesu, die im Einzelfalle so intensiv ist, dass sie auch Veränderungen freisetzt, die so weitgehend sind, dass sie Wunder genannt werden. Die von Matthäus aufgenommene Überlieferung sieht das aber durchaus nicht als allein Jesus vorbehaltene Möglichkeit. Denn: »Das Volk pries Gott«, heißt es am Ende dieses Heilungsberichts, »der solche Macht *den Menschen* gegeben hat«; gemeint ist die Macht der Vergebung, der Befreiung vom hier übergroßen, lähmenden Schuldbewusstsein, die das »Wunder« bewirkt. Womit vollends deutlich ist, dass hier zwar ganz bestimmte und außergewöhnliche Kräfte sich entfalten, aber keineswegs magische, »übernatürliche«, die nur absolut exklusiv dem aus einer anderen, übernatürlichen Welt stammenden Gottessohn eignen. Alles, was geschieht, spielt sich in Gottes Schöpfung ab. Auch mit der Macht der Vergebung als einer Gestalt der Gegenwart des »Reiches Gottes« ist Gott in den Menschen seiner Schöpfung und durch sie in dieser Welt wirksam, erfahrbar, vorhanden. Seine für Menschen unermessliche, unfassbare Größe und Überlegenheit schließt das nicht aus, vielmehr gerade mit ein. Sie wird damit nicht infrage gestellt, sondern widergespiegelt.

Dieser Größe wird es dagegen nicht gerecht, wenn Zorn, Strafe und Begnadigung als die zentralen Wesensmerkmale Gottes gelten. Sie sind Projektionen eines aggressiven und darin sehr fragwürdigen menschlichen Erziehungsverhaltens. Ein gleichermaßen fragwürdiges, auf Menschenmaß verkleinertes Format nimmt Gott daraufhin an, obwohl er doch als kein Geringerer als der »Schöpfer des Himmels und der Erde« bekannt wird.

»Gott ist barmherzige Vergebung« – wessen Gottesbild das ist, gehört nun allerdings zu denen, die sich im Verhältnis zur Lehre der Kirche auf den Pfaden der Irrlehre bewegen. Denn wer das zu Ende denkt, gerät in die Gesellschaft des Origenes, der in der ersten Hälfte des dritten christlichen Jahrhunderts Leiter der Katechetenschule von Alexandria war und der Kirche ein solcher Dorn im Auge wurde, dass die Verwerflichkeit einer bestimmten Lehre, die er vertrat, noch im »Katholischen Erwachsenenkatechismus« von 1985 unter Nennung seines Namens ausdrücklich festgehalten wird.

Origenes wird von seinen Zeitgenossen als ein Mensch von großer Lauterkeit und respektheischender Reinheit der Lebensführung beschrieben. Welche Auffassung war es, die ihm gleichwohl die entschlossene, bis heute anhaltende Feindschaft der Kirche einbrachte? Er war ein ebenso scharfsinniger wie konsequent positiver Denker. Etwas anderes ließ sein Glaube für ihn nicht zu. Was zur Folge hatte, dass er die Lehre von der *Apokatastasis Panton*, der »Wiederbringung aller«, entwickelte. Mit dieser Lehre bestreitet Origenes, dass Gott Menschen unter bestimmten Voraussetzungen einer ewigen Verdammnis unter den Qualen des höllischen Feuers überlasse. Dabei ging er nicht so weit, die Existenz einer Hölle zu bestreiten, wohl aber deren Ewigkeit. Sein begrifflicher Scharfsinn ließ es nicht zu, Ewigkeit noch etwas anderem als nur Gott selbst zukommen zu lassen. Und sein Glaube an die Barmherzigkeit Gottes machte für ihn den Gedanken einer ewigen Verdammnis von Menschenseelen mit dieser Wesensbestimmung Gottes unvereinbar. Gottes Barmherzigkeit könne nicht als begrenzt gedacht werden, er wäre dann nicht wirklich Gott. Sondern am Ende wird er alle Seelen zu einem Zustand des Erlöstseins aller wieder zusammenbringen.

Von welcher Furcht wird eine Kirche geplagt, die eine solche Vorstellung durch und durch verwerflich findet? Es ist das abgrundtiefe Misstrauen gegen den Menschen, wie es bei Augustinus mit der Lehre von der Erbsünde zu unüberbietbarer Vollendung kommt. Dieses fundamental negative Menschenbild gebiert die Furcht, dass jede Moral zugrunde geht und das Chaos regiert, wenn keine ewig währende Strafe mehr droht. Da wird dann gar nicht mehr wahrgenommen, dass in das positive Gottesbild der Botschaften des Jesus aus Nazareth immer eine Menschen auch fordernde Aussage moralischer Natur integriert ist: »Seid barmherzig, wie auch euer Vater barmherzig ist.« Und Jesus traut damit den Menschen, die er als Söhne und Töchter Gottes – »euer Vater«! – anspricht, zugleich auch zu, dass sie so tatsächlich sein können: barmherzig, wie er es selbst ist.

Wie sehr dieses positive, von der Barmherzigkeit bestimmte Gottes- und Menschenbild bei Jesus im Vordergrund steht, zeigt sich vollends darin, dass es ein Beispiel menschlicher Unbarmherzigkeit ist, anhand dessen dann auch bei Jesus einmal von einem Zorn Gottes die Rede ist. Es ist das Gleichnis zur Frage der Vergebung unter den Menschen in Matthäus 18, 21-35, das in der Lutherbibel auch die Überschrift »Der Schalksknecht« trägt: Ein König erlässt einem seiner Bediensteten, der hoch bei ihm in der Kreide steht, auf sein Flehen um Geduld hin alle seine Schulden. Dieser aber verfährt seinerseits genau umgekehrt mit einem anderen Bediensteten seines Herrn, der ihn um Geduld anfleht. Er wirft ihn wegen eines weitaus geringeren Betrages in den Schuldturm. Als der König das hört, zitiert er den Ersten erneut zu sich und hält ihm vor: »Hättest du dich nicht auch erbarmen sollen über deinen Mitknecht, wie ich mich über dich erbarmt habe?« Auf diesen Vorhalt hin, dem selbst erfahrenen Beispiel nicht gefolgt zu sein, heißt es dann: »Und sein Herr wurde zornig und überantwortete ihn den Peinigern, bis er alles bezahlt hätte, was er ihm schuldig war.«

Zweierlei ist zum originalen Verständnis dieser Gleichnisrede wichtig:

Zum einen, dass es nicht die Schulden gegenüber dem »König« sind, der hier für Gott steht (Vers 35), die diesen zum Zorn reizen. Sondern dass es die – im buchstäblichen Sinn beispiellose – Verweigerung ist, die selbst erfahrene Barmherzigkeit an den Mitmenschen weiterzugeben. Eine Alleinbeziehung zu Gott, die von der Beziehung zum Mitmenschen gelöst und verselbstständigt wäre, wird von Gott selbst nicht zugestanden.

Und zum anderen hat Bedeutung, dass die Folge des entstandenen Zorns dem Umfang des Geschuldeten entsprechend begrenzt ist und nicht von überschießender Ewiggültigkeit. Barmherzigkeit bleibt das Wesen Gottes und sein Leitbild für die Menschen. *Dessen* Verletzung durch Unbarmherzigkeit kann auch seinen Zorn hervorrufen, aber nach diesem Gleichnis Jesu begrenzt und nicht endlos und total. Bei

Jesus findet sich die absolut drohende Härte der Zornes- und Bußpredigt Johannes des Täufers nicht wieder. Weshalb die Distanz zu diesem mit seiner Einstufung als nur eines »Vorläufers« auch angemessen betont wird.

Um die Begrenztheit, nicht Totalität und Letztgültigkeit des göttlichen Urteils über den Sünder ging es auch dem Origines. Der hohe Klerus der Kirche aber witterte große Gefahr. Und das nicht nur für den moralischen Zustand der Menschheit, wenn keine absolute Drohung mehr über ihr schwebte. Sondern ein weiteres Motiv wird als damit verknüpft wahrnehmbar, das die Kirche selbst als Heilsmittlerin betrifft: Die Aussicht des Sünders, ewiger Verdammnis, mindestens aber dem Fegfeuer anheimzufallen, ist natürlich nur zu ertragen, wenn es auch Möglichkeiten gibt, dem zu entkommen. Und zwar nicht durch schlichtes Vertrauen, sondern durch konkreten Glaubensgehorsam: durch Reue, Buße, Wiedergutmachung, Gelöbnisse und sakramentale Beglaubigung von alledem. Dass so dem immer drohenden Unheil entgangen werden und stattdessen das ewige Heil erhofft werden kann, das aber will verlässlich aufbereitet und ordentlich verwaltet werden. Vertrauen aber lässt sich nicht verwalten, Gehorsam dagegen sehr wohl, siehe oben Kapitel 1. Und dazu wiederum bedarf es um des heiligen Ernstes der Sache willen einer besonderen Bevollmächtigung: Es bedarf einer heilsmittelnden Priesterschaft, die um heilige Regeln weiß und sie sorgfältig beachtet, die beauftragt und befähigt ist zur Sakraments*verwaltung*!

Folglich darf aber auch keine Theologie entstehen und Bestand haben, die die unabdingbare Bedeutung dieser Priesterschaft mindern könnte, wie zum Beispiel die des Origenes vom allversöhnenden Gott. Da könnte ja in den Köpfen der Sünder der Gedanke aufkommen, es werde am Ende doch alles gut gehen und man könne den Priester auch mal entbehren. Wer kann schon Interesse an der Überflüssigkeit seiner selbst haben? Also wird es nichts mit dem einfachen Glauben des einfach vertrauenden Menschen. Sondern es bleibt beim gnädigen – weil zuvor und zugleich zornigen – Gott, mit dem man nicht allein, einfach, unmittelbar und am Klerus vorbei ins Reine kommen kann.

Zugestanden bekommt man dies allerdings – mehr oder weniger halbherzig –, wenn man einer evangelischen Kirche angehört. Steht man dort jedoch in der langen, heute »evangelikal« genannten Tradition des Pietismus und der Erweckungsbewegungen des 19. Jahrhunderts, so kann auch im Protestantismus das vom Sündenzorn geprägte Gottes- und Menschenbild seine Problematik massiv entfalten. Einhergehend mit einem hohen bis übersteigerten Maß an furchtgetränkter Selbstwahrnehmung und Selbstkontrolle, kann unter dieser Traditionsherrschaft auch die einfache Unmittelbarkeit zu Gott zu einer erheblichen Belastung des Lebens bis zur Verstörung werden.

Der in einer pietistisch frommen Familie aufgewachsene Psychoanalytiker Tilmann Moser hat das 1976 in einer Publikation mit dem Titel »Gottesvergiftung« eindrucksvoll beschrieben. In diesem autobiografischen Buch zitiert Moser aus einer Reihe von Kirchenliedern; darunter auch die fünfte Strophe des Abendmahlsliedes »Komm her, ihr seid geladen«, das bis heute Bestandteil des »Evangelischen Gesangbuchs« ist (EG 213): »Drum jauchze, meine Seele, hell aus der Sündennacht! Verkünde und erzähle die tiefe Wundermacht, die unermesslich süß, ein Born der Liebe, quillet, und jeden Jammer stillet, der fast verzweifeln ließ.«

In diesem »fast verzweifeln« in der »Sündennacht« kommt die ganze Schwere der Bedrohung durch den Zorn des »gnädigen« Gottes zum Ausdruck. Tilmann Moser hat dem in seinem Buch, dem er die Form eines offenen Briefes an diesen Gott gegeben hat, seinen eigenen Zorn über dessen durch und durch negatives Menschenbild entgegengesetzt, unter anderem mit dem Satz: »Dein Hauptkennzeichen für mich ist Erbarmungslosigkeit.«

Söhne und Töchter Gottes

Die unendlich vertrauenswürdige, positive Zugewandtheit Gottes zu den Menschen, die die Botschaft Jesu war, bedarf keines streng gepflegten moralisierten Sünderbewusstseins, ebenso wie sie sich auch religionsbürokratischer Verwaltung entzieht, die erfasst, bemisst und zuteilt. Denn dieser Gott »lässt seine Sonne aufgehen über Gute und Böse und lässt regnen über Gerechte und Ungerechte«. Eine einfache, für jedermann überprüfbare Feststellung, mit der Jesus nichts Geringeres begründet als das kluge Wort von der Feindesliebe (Mt. 6, 43-45), an dem sich immer wieder die Geister scheiden.

Als es vor Jahrzehnten noch der Gewissensprüfung bedurfte, um im Sinne des Grundgesetzes der Bundesrepublik Deutschland als Kriegsdienstverweigerer anerkannt zu werden, hatte gute Chancen, das Anerkennungsverfahren zu bestehen, wer sich mit unbeirrbarer Konsequenz auf dieses Jesuswort von der Feindesliebe berief und keinerlei Einwände gelten ließ. Etwa auch den nicht, dass das Gebot vielleicht nicht in allen Situationen durchzuhalten sein könnte, die als denkbare Möglichkeit infrage kommen. Wer auf solche Weise ein quasi abnormes Gewissen unter Beweis stellte, fand zwar nicht inhaltliche, aber rechtliche Anerkennung als Verweigerer »aus Gewissensgründen«. Vermutlich geschah das dann auch unter dem nicht offen vertretenen Gesichtspunkt, dass so jemand ohnehin für den Militärdienst nicht taugt, weil seine Art von Gewissen eine »Wehruntauglichkeit« eigener Art darstellt.

Dabei spiegelte die Erwartung, dass einer das Gebot Jesu in geradezu übermenschlichem Perfektionismus für realisierbar hält, nur wider, für wie vollständig abnorm diese Leitlinie von den Gewissensprüfern gehalten wurde. Auch für sie ist Jesus nicht von dieser Welt, wenngleich in einem ganz anderen Sinne, als er dies für die fundamentalistisch Gläubigen ist. Und deshalb tut man so, als ob nur bei absoluter Ausnahmslosigkeit eine Regel Sinn und Geltung haben könnte. Denn man

37

will sie eben überhaupt nicht haben, so einfach wie sie ist. »Als ob das so einfach wäre!«

Aber es führt nun einmal kein christlicher Weg an diesem Wort in der »Bergpredigt« Jesu vorbei, auch wenn christliche Theologen immer wieder einen solchen Weg gesucht und vermeintlich gefunden haben. Sie gehört nun einmal zum Grundbestand des Christlichen, die Regel der Feindesliebe. Auch bei Paulus, dessen Denkweise in ganz anderen Bahnen verläuft als die des Nazareners, ist sie ja annähernd wieder vorzufinden, wenn es bei ihm im 12. Kapitel des Römerbriefs heißt: »Lass dich nicht vom Bösen überwinden, sondern überwinde das Böse mit Gutem!«

Da wird dann auch deutlich, dass mit der Feindesliebe nicht gemeint ist, dass man bedingungslos sogar die mögen soll, die feindlich zu einem stehen. Und dass es auch nicht um das Verbot eines unvermeidlichen, gerechtfertigten Verhaltens in einem konkreten Notwehrfall geht. Wo dagegen Radikalmissdeutungen vorgenommen und anderen feindbildmäßig unterstellt werden, da geht es um das Ziel, das Thema überhaupt ad absurdum zu führen und es auf diese Weise einfach niederzuschlagen, einfach loszuwerden. Worum es dagegen tatsächlich geht, und zwar als eine durchaus realistische Möglichkeit, das ist das vorab wohlüberlegte Praktizieren eines alternativen Verhaltens; eines anderen Verhaltens, als es im erklärten Feindlichkeitsfalle üblich ist und als völlig normal gilt.

»Überwinde das Böse mit Gutem!« – strafe die angebliche Weisheit der üblichen Redensart Lügen, dass auf einen groben Klotz am besten immer nur ein grober Keil gehört, weil nichts anderes wirklich Wirkung hat! Von nichts Geringerem als der prinzipiellen Überlegenheit der Macht des Guten über die des Bösen ist also mit dieser von Paulus formulierten Grundverhaltensregel positiven Denkens die Rede. Und dieses positive Denken, ein Stück erfahrbare christliche Vernunft, ist sehr treffend als »inklusiv« bezeichnet worden. Womit gesagt wird, dass es nicht mit Bedingungen verknüpft ist, die zuvor erfüllt sein müssen und exklusive Wirkung haben, also ausschließen, wenn sie nicht erfüllt werden. Sondern dieses Denken lässt sich mit allem Ernst auf die rhetorische Frage Jesu ein, was man denn wohl Besonderes tue, wenn man nur zu seinen Brüdern freundlich sei. Man solle stattdessen »ganz« sein, niemanden aus der Freundlichkeit gegenüber dem Mitmenschen ausschließen. So nämlich »wie euer Vater im Himmel«. Denn der ist ungeteilt den Menschen zugewandt, indem er jeden Tag wieder über allen gleichermaßen seine Sonne aufgehen lässt und es »regnen lässt über Gerechte und Ungerechte« (Mt. 5, 47).

Nichts Geringeres, als dass sie Gottes »Söhne« seien, sagt Jesus im selben Zusammenhang denen, die dieses Vorbild Gottes aufnehmen (Mt. 5, 45). Im griechischen Originaltext des Matthäusevangeliums steht da nicht »Kinder Gottes«, wie bei Luther die Übersetzung lautet, sondern »Söhne Gottes«! Eine Schlussfolgerung ist deshalb naheliegend, die dem derzeitigen Dogmatiker auf dem »Stuhle Petri« allerdings ein Graus sein muss, der zwecks Absicherung der kirchlichen Tradition ein dickes Buch über Jesus geschrieben hat: Gottessohnschaft hat der Zimmermannssohn aus Nazareth offenbar nicht exklusiv für sich beansprucht, sondern als eine für jeden mögliche Zuordnung zu Gott vor Augen gestellt. So einfach ist sein Glaube und kann Glaube heute noch sein jenseits aller »Christologie«, mit der man eine ganze dogmatische Bibliothek füllen kann und der voraussichtlich noch manche theologische Doktorarbeit hinzugefügt wird.

Auch der ältesten Überlieferung der Überzeugung von der herausragenden Besonderheit Jesu ist die später dominante Vorstellung von seiner Gottessohnschaft im physischen Sinne fremd. Was mit »Sohn Gottes« als Titel Jesu ursprünglich gemeint ist, findet sich wieder in der Darstellung seiner Taufe im Jordan durch den Täufer Johannes, bei der eine himmlische Stimme verlauten lässt: »Du bist mein lieber Sohn, an dir habe ich Wohlgefallen!« So der älteste Evangelist Markus (Mk. 1, 11) und Matthäus und Lukas mit ihm übereinstimmend. Jesus wird in dieser Perspektive quasi adoptiert zum Sohn Gottes in einem besonderen Sinne. So entspricht es der Vorstellung der alttestamentlich-jüdischen Tradition über die Stellung und Würde des Messias, der als von Gott auserwählter Retter seines Volkes erwartet wurde und den die früheste Christenheit in Jesus gesehen hat. Wobei völlig klar ist, dass der Messias uneingeschränkt als ein Mensch gesehen wurde. Klar zum Ausdruck kommt das auch darin, dass ihm die älteste Überlieferung den Titel »Davidssohn« beilegt.

Noch zur Abfassungszeit des Matthäusevangeliums ist diese Sicht offenbar so lebendig, dass Matthäus sie gleich im ersten Vers seines Evangeliums anspricht, obwohl er kurz danach auch die inzwischen entstandene Tradition der Jungfrauengeburt und der Zeugung Jesu durch den Heiligen Geist aufgreift.

Jesus gilt als von Gott erwählt, wie es der große König David war. Was unter anderem auch Bezug nimmt auf die Überlieferung der hebräischen Bibel über die Unscheinbarkeit des jungen David, derentwegen sein Vater Isai es für ausgeschlossen hielt, dass er von Gott erwählt sein könnte. Wie seinerzeit für David gilt das Wort des Propheten Samuel in der Erzählung über die Berufung Davids (1. Samuel 16) also auch im Blick auf den am Kreuz hängenden Jesus: »Ein Mensch sieht, was vor Augen ist, Gott aber sieht das Herz an.« Als erwählt in diesem Sinne – und so mag man ihn auch heute noch ansehen – wird Jesus in der christlichen Frühzeit als ein Gottessohn verstanden und verehrt, keineswegs aber im Sinne des sehr viel später ausgedachten Trinitätsdogmas, der Lehre von der Dreieinigkeit Gottes in Gestalt von Vater, Sohn und Heiligem Geist. Ein ganz besonderer, ganz außergewöhnlicher Mensch also ist Jesus dagegen seinerzeit für seine Anhänger und Verehrer, aber natürlich ein Mensch.

Das Ende der Sorge

Was die so positive Zugewandtheit Gottes zu den Menschen für Freiheit und Wahrheit des Lebens bedeutet, hat Jesus am eindrucksvollsten und schönsten zum Ausdruck gebracht in seiner Rede über das Schätzesammeln und Sorgen (Mt. 6, 24-34). Als die »ruhigsten, lyrischsten, einladendsten Worte aus dem Munde Jesu im ganzen Neuen Testament« hat Eugen Drewermann sehr zu Recht diesen Teil der Bergpredigt bezeichnet. »Was es heißt, Mensch zu sein«, lerne man daraus, hat der große dänische Philosoph Sören Kierkegaard über diesen Text gesagt.

Dessen Faszination beruht nicht zuletzt darin, dass er zunächst einmal als eine gehörige Zumutung daherkommt, die geeignet ist, entsprechenden Widerspruch zu wecken: »Sorgt nicht um euer Leben, was ihr essen und trinken werdet; auch nicht um euren Leib, was ihr anziehen werdet.« Da steht natürlich schon wieder und ziemlich schnell der Einwand im Raum: »Als ob das so einfach wäre!« Als ob man das wie mit einem Knopfdruck abstellen könnte. Aber da das eigentliche Ziel des Sorgens ja die Sorgenfreiheit ist, die sich zugleich aber nie einstellt, hat es etwas, wenn da nun einer daherkommt und sagt, man solle es am besten einfach sein lassen: Sorget euch *nicht*!

Aber was sonst? »Vertrauen auf Gott als die Lebensmacht« lautete die oben zitierte Glaubensdefinition Hans Weders. Genau das ist es, was Jesus an die Stelle des Sorgens setzt. Schließlich könne man sie doch schon bei den »Vögeln unter dem Himmel« am Werke sehen, die keinerlei Vorsorge durch Säen und Ernten kennen und doch ihr Leben haben. Oder die »Lilien auf dem Felde«: Wie sind sie schöner gekleidet, als Salomo es jemals war! Und wem dieser Blick auf die Lebensmacht in der Natur nicht reicht, weil er findet, dass wir Menschen nun mal keine Pflanzen oder Vögel sind, für den hat der Weisheitslehrer Jesus noch ein ganz starkes Argument zur Hand, dem nun wirklich niemand mehr etwas entgegensetzen kann: »Wer unter euch könnte der Länge seines Lebens auch nur einen Tag hinzufügen, wenn er sich nur genug darum sorgt?« (Mt. 6, 27)

Mit anderen Worten: Sorge als eine negative Befindlichkeit kann nichts Positives hervorbringen, hält nicht, was sie verspricht. Aber Vertrauen auf Gott als die Lebensmacht kann das: die Freiheit von Sorge bewirken, um derentwillen sie so nötig, so unaufgebbar erscheint. Einfach glauben heißt einfach vertrauen und befreit werden von negativem Denken.

41

Dieses Vertrauen, diese Befreiung von den inneren Beklemmungen, hat Jesus mit seiner Redeweise bei einem Teil derer, die ihm zuhörten, so nachhaltig bewirkt, dass sie diese Worte über seinen Tod hinaus bewahrten und weitergaben, sodass sie bis heute erhalten sind. Ihre Faszination ist unverlierbar. Und das gerade nicht, weil hier der alleinige Sohn Gottes ein aus einer anderen Welt mitgebrachtes Offenbarungswissen eröffnet hätte. Es ist vielmehr jedermann Sichtbares – die Vögel unter dem Himmel und die Lilien auf dem Felde – und jedermann Einsehbares – die Vergeblichkeit der Sorge –, was dem vertrauenden Glauben Raum, der ihm versperrt war freigibt. Dem Glauben an den Gott, von dem Jesus im Blick auf die Gegenstände der täglichen Sorge sagt: »Euer himmlischer Vater weiß, dass ihr all dessen bedürft« (Mt. 6, 37). Da ist sie wieder, die für Jesus so charakteristische Art, von Gott in seiner Beziehung zu den Menschen zu reden: unkompliziert, einfach, klar und mit großer Gewissheit. So wie er dem Gelähmten sagt: »Deine Sünden *sind* dir vergeben«, so hier: »Euer himmlischer Vater *weiß* ...« Es ist einfach immer schon da, das Positive, an dem gezweifelt wird, ob es denn tatsächlich vorhanden ist. Gott ist Vergebung, Gott ist Fürsorge, das »Reich Gottes« ist darin bereits Gegenwart. Und der Sinn dieser auf Vertrauen gerichteten Botschaften ist die Befreiung von Sorge und Furcht.

Wie diese negativen Bewusstseinsprägungen in den Menschen auf betrügerische Weise von der materiellen Seite des Lebens ausgehen, ist ein Grundthema der Reden Jesu. Sehr eindrucksvoll auch im Gleichnis vom reichen Kornbauern im 12. Kapitel des Lukasevangeliums, einer Beispielgeschichte, die ihre Weisheit nach der Art einer Märchenerzählung weitergibt. Eine außergewöhnlich große Ernte kommt da auf einen Bauern zu und nimmt ihn ganz gefangen. Viele Jahre soll ihm dieser einmalige Ertrag Sicherheit geben. Dazu führt er ein Planungsgespräch mit sich selbst – mit seiner »Seele« heißt es wörtlich – mit dem Ergebnis, dass die vorhandenen Scheunen abgerissen und durch größere ersetzt werden müssen. »Und will sagen zu meiner Seele: Liebe Seele, du hast einen großen

Vorrat für viele Jahre, habe nun Ruhe, iss, trink und habe guten Mut.« Gott aber, dem hier das Vertrauen nicht gilt, macht ihm einen Strich durch die Rechnung, indem er seinem Leben schon in der folgenden Nacht ein Ende setzt, »seine Seele von ihm fordert«. »Und wem wird dann gehören, was du angehäuft hast?« Und das Fazit aus dem Ganzen lautet: »So geht es dem, der sich Schätze sammelt und ist nicht reich bei Gott.«

»Reich bei Gott« wäre dieser Mann, wenn auch von anderen Menschen, denen er Anteil gibt an seinem Wohlstand, zu berichten wäre und nicht nur von ihm selbst, ihm und seiner Seele, mit der er so allein ist, dass er auch nur mit ihr sich besprechen kann. So fehlt ihm am Ende, wenn es um seine Lebensbilanz geht, die menschliche Bilanz, mit der er auch »reich bei Gott« wäre. Was seinen Ausdruck darin fände, dass Menschen um ihn trauern würden nach der Nacht, in der Gott seine Seele von ihm gefordert hat. Damit ist nun nicht zu rechnen. Denn vom Reichtum geblendet, der über ihn gekommen ist, bekommt er nicht mehr in den Blick, dass es seine ganz eigene Klugheit hat, was im Lukasevangelium als Jesuswort überliefert wird: »Schafft euch Freunde mit dem ungerechten Mammon!« Denn die braucht der Mensch, wenn es drauf ankommt, wirklich.

Von der Sorge zur Geschwisterlichkeit

Da gibt der Agrarier, der die Hauptfigur im Gleichnis Jesu von den Arbeitern im Weinberg (Mt. 20, 1-15) darstellt, ein ganz anderes Bild ab. Er braucht Tagelöhner für seinen Weinberg und geht deshalb auf den Markt, wo die Männer ihre Arbeitskraft anbieten. Das tut er aber nicht nur am Morgen, sondern mehrmals am Tag stellt er Leute ein. Die haben also am Ende des Tages ungleich lange gearbeitet. Gleichwohl bezahlt der Weinbergbesitzer allen einen Lohn in der Höhe aus, die er mit denen, die zuerst angefangen haben, vereinbart hat. Die protestieren deshalb, haben aber dem Argument, dass ihnen gegenüber kein Vertragsbruch besteht, nichts entgegenzusetzen.

Eine harte Nuss gibt dieses Gleichnis zu knacken. Kann dieser Weinbergbesitzer ernsthaft als Vorbild gemeint sein? Der Gedanke an eine Allgemeingültigkeit von dessen Verhaltensweise geht dem Prinzip der Leistungsgerechtigkeit derart gegen den Strich, dass sich die Ausleger zumeist beeilt haben, ganz entschieden zu erklären, dass Jesus das natürlich nicht gemeint haben kann. Dass er nicht die Welt auf den Kopf stellen will, indem er alle üblichen und gültigen Gerechtigkeitsbegriffe über den Haufen wirft. Sondern dass hier nur von Gott und ausschließlich *seiner* Beziehung zu den Menschen die Rede sei. Man muss dann hier nur noch das Sündenthema eintragen, auch wenn davon eigentlich nirgends die Rede ist, und die Aussage des Gleichnisses lautet: Auch wer spät seine Sünden bereut, wird von Gott angenommen. Womit sich der Text dann auch kirchlich gut in den Rahmen traditioneller Predigtbotschaften einordnet und sich als für eine Predigt am Buß- und Bettag geeignet erweist.

Dass das solchermaßen zurechtgelegte Gleichnis den Weinbergbesitzer aber tatsächlich als Vorbild meint, wird erkennbar, wenn man beachtet, dass es sich hier um Tagelöhner handelt. Wie das Gleichnis zu erkennen gibt, gab es sie reichlich, sodass es nicht verwundert, dass der Lohn eines Tagelöhners, ein Denar für einen Tag Arbeit, gerade mal ausreichte, um für einen weiteren Tag den notwendigen und gewiss nicht üppigen Lebensunterhalt für ihn und die Seinen zu decken. Und dieses Existenzminimum gewährt der Weinbergbesitzer allen, die bereit waren, für ihn zu arbeiten. Den Zynismus, es im Namen einer formalen Leistungsgerechtigkeit zu unterschreiten – im wörtlichsten Sinne: nur einen Hungerlohn auszuzahlen –, will er sich nicht leisten. Und indem er sich so verhält, nämlich etwas weggibt ohne Gegenleistung, also seinen eigenen Gewinn schmälert im Interesse der Lebensmöglichkeit anderer, ist er das Gegenbeispiel zum reichen Kornbauern, der nur um sich selbst kreist und dabei auch ganz vergisst, dass es zu Recht heißt, das letzte Hemd habe keine Taschen.

Natürlich ist mit diesem Weinbergbesitzer auch und zunächst Gott in seiner Beziehung zu den Menschen gemeint. Schließlich heißt es ja, bevor das Gleichnis selbst erzählt wird, es verhalte sich »mit dem Reich der Himmel wie mit einem Gutsbesitzer, der ...«. Aber das schließt nun keineswegs aus, vielmehr ein, dass das Verhalten dieses Mannes auch im Sinne von zwischenmenschlicher Vorbildfunktion gemeint ist. Denn es ist ja, wie oben im Zusammenhang der Begründung der Feindesliebe schon zu sehen war, charakteristisch für die Art der Botschaften Jesu, dass er dazu auffordert, sich nach Gottes Vorbild zu verhalten: »Seid barmherzig, wie auch euer Vater barmherzig ist« (Lukas 6, 36).

Und das hat gerade bei Jesus immer wieder ganz handfest mit den materiellen Dingen des Lebens zu tun. Denn um diese hatten die Menschen tagtäglich zu ringen, was sich etwa auch darin ausdrückt, dass Jesus in das Gebet, um das ihn seine Jünger bitten, die Bitte aufnimmt: »Unser tägliches Brot gib uns heute!« Das ist die Bitte eines Tagelöhners um Arbeit am nächsten Tag, weil er einfach nichts hat, wenn er diese Arbeit nicht bekommt. Schlechter als ein Sklave ist er in dieser Hinsicht dran, denn der hatte Anspruch auf Unterhalt gegenüber seinem Besitzer, auch wenn es keine Arbeit gab. Unter Menschen in solcher materiellen Lage hat Jesus sich offenbar ganz überwiegend bewegt. Im Evangelium des Lukas tritt das besonders hervor. Man hat es deshalb auch als das »Evangelium der Armen« bezeichnet.

Und da es für diese Armen allemal auch um die Verteilungsfrage geht, wird natürlich auch die Beziehung der Vermögenden zu ihrem Besitz zum Thema und sie selbst dabei angesprochen. Ein Thema ist das, dessen Problemstruktur, wie zu sehen war, die Grundfragestellung ergibt: Sind Geld und Gut Instrument des Besitzenden, mit dem er frei und an Gottes Güte orientiert umgehen kann? Oder ist er selbst unfreies Instrument seines Besitzes, der ihn beherrscht und ihm den Blick für Gott und den Mitmenschen verstellt? Letzteres hat sich bei dem reichen Kornbauern abgespielt, dessen gut durchgeplante Sicherheitsstrategie sich plötzlich als illusionär erweist. Anders dagegen liegen die Dinge bei dem Weinbergbesitzer, dessen souveräne Be-

45

ziehung zu seinem Besitz sich in seiner ebenso souveränen Großzügigkeit gegenüber der Not seiner Mitmenschen ausdrückt.

Seine Art findet sich auch wieder bei einer der bis heute bekanntesten Figuren der ganzen Bibel, dem »barmherzigen Samariter« (Lk. 10, 25-37). Auch er, der sich so vorbildlich um den kümmert, der da hilflos am Wegesrand liegt, weil er unter die Räuber gefallen ist, gehört als vermutlich Handlungsreisender zu den materiell Bessergestellten. Und wie der Weinbergbesitzer hat er zu Geld und Gut eine souverän instrumentelle Beziehung: Mit Öl und Wein, die er bei sich hat, behandelt er die Wunden des Überfallenen, wofür sie von Hause aus sicher nicht gedacht waren. Und dem Wirt der Herberge, in der er das Überfallsopfer unterbringt, lässt er Geld für die Pflege da und sagt ihm weiteres bei seiner Rückkehr zu, wenn mehr noch gebraucht werden sollte. Indem sie ausdrücklich diese Zusage erwähnt, macht die Erzählung besonders deutlich, wie selbstverständlich es dem reisenden Samaritaner ist, sein Geld in den Dienst seines Mitmenschen zu stellen, der nicht nur unter die Räuber, sondern zugleich auch ihm vor die Füße gefallen ist.

Genau betrachtet stehen sich hier die beiden Grundhaltungen des negativen und des positiven Denkens gegenüber. Wo der Besitz über seinen Besitzer herrscht, da bestimmt Negatives, Misstrauen in Gestalt von Sorge und Furcht, das Denken und Handeln und bringt hervor, was jemand als das »Dagobert-Duck-Gesetz« bezeichnet hat. Walt Disneys Comicfigur »Onkel Dagobert« ist ja mit riesigem Reichtum gesegnet, der ständig wächst, aber deshalb auch ständig höher gesichert werden muss, weil ständig mehr und listiger auch die »Panzerknacker-Bande« versucht, an ihn heranzukommen. Und folglich unterliegt Onkel Dagoberts Befindlichkeit dem Gesetz, das lautet: Die Verlustangst steigt mit dem Maße des Reichtums.

Die Mitmenschen und damit Gott geraten dann leicht aus dem Blickfeld, und das Jesuswort »Macht euch Freunde mit dem ungerechten Mammon« ist umsonst gesprochen. Denn sorgenfrei und damit offen für andere macht das Sorgen ja gerade nicht! Sondern es entsteht der reiche Kornbauer als der isolierte, nur noch auf sich selbst bezogene und damit in sich selbst gefangene Mensch: »Und er sprach zu seiner Seele ...« Die Abwesenheit von Sorge und Furcht dagegen lässt alles Positive zu, was gerade auf der materiellen Seite des Lebens nötig ist, um eine mitmenschliche Beziehung hervorzubringen, die mit dem Wort Nächstenliebe dann wirklich angemessen bezeichnet ist.

Die tragende Basis davon ist Vertrauen. Vertrauen aber zu Gott! Denn das ist die Grundbotschaft, dass Gott unendliche Vertrauenswürdigkeit ist. Aus diesem Glauben lebt Jesus. Das bestimmt sein Leben. Daraus bezieht er seine Kraft, sogar Krankheiten zu heilen, Lahme gehend und Blinde sehend zu machen, im eigentlichen wie aber auch bis heute im übertragenen Sinne.

Aber was ist mit ihm selbst, mit ihm als »Gegenstand« des Glaubens in Person? Wo bleibt der Glaube an ihn? Die Quelle der hier bisher gewonnenen Einsichten ist ja ganz überwiegend, was wir über seine Art wissen, von Gott zu reden und daheraus zu leben als Mensch aus Fleisch und Blut, als predigender Zimmermannssohn aus Nazareth vor 2000 Jahren. Aber ist christlicher Glaube nicht zuerst und vor allem Glaube *an* Jesus, an ihn als den Christus, den einen Sohn Gottes, der nach dem Ratschluss des Vaters gekreuzigt und von den Toten wiederauferweckt wurde, wodurch er alle, die an ihn als den, der das vollbracht hat, glauben, von der Macht der Sünde und des Todes erlöst hat? Lautet nicht so in seinen wichtigsten Teilen das christliche Glaubensbekenntnis in jedem Gottesdienst? Ist das nicht seit jeher das Evangelium schlechthin, das »Evangelium *von* Jesus Christus«? Das Evangelium nicht als die Botschaft, die er als seine eigene hinterlassen hat, sondern die Botschaft über ihn, die seine Jünger als ihre Deutung der Ereignisse von Karfreitag und Ostern verkündet haben.

Mit diesen Fragen ist das große ungelöste und schwierigste Problem der neueren Theologiegeschichte und ganz und gar der Kirchen angesprochen. Mehr als zwei Jahrhunderte ist dieses Problem alt. Es ist entstanden, als die christliche Welt von der »Aufklärung« genannten

Epoche erfasst wurde. Diese hat das geozentrische Weltbild, das der Antike und dem Mittelalter als selbstverständlich wahr und richtig galt, zunichte gemacht. Erde und Menschheit gingen ihrer bis dahin seit jeher selbstverständlichen Position verlustig, im Mittelpunkt des Universums zu stehen.

Dass die Kirche darin von Anfang an Ketzerei sah, nicht wahrhaben wollte, was doch wissenschaftlich unabweisbar war, hat die Entwicklung der Aufklärung, der Selbsterhellung des menschlichen Verstandes, nicht aufhalten können. Es zeigt sich daran aber, dass der Kirche wohl auch sehr schnell bewusst wurde, in welchem Maße ihre Heilslehre mit diesem überlieferten, aber wissenschaftlich unhaltbaren Weltbild verquickt ist. Der Himmel, aus dem Jesus nach der kirchlichen Lehre als der Gottessohn auf dem Wege der Geburt durch eine Jungfrau in diese irdische Welt gekommen und in den er nach erfolgtem Erlösungswerk wieder zurückgekehrt ist, dieser Himmel hat sich als leer erwiesen, als jedenfalls nicht dort vorhanden, wo er verortet war. Die Kirche aber hat sich an ihre für heilig erklärte Überlieferung so fest geklammert, dass sogar die ersten »Kosmonauten« der dogmatisch-atheistischen Sowjetunion sie noch mit ihrem leicht zu habenden Spott bedenken konnten.

Der Herausforderung, die daraus folgenden Konsequenzen für das kirchliche Lehrgebäude zu ziehen, hat sich die Kirche bis heute nicht gestellt. Ist da so wenig Vertrauen, dass der Mut nicht aufgebracht werden kann, den eine weitreichende und öffentlich darzustellende Änderung des Denkens erfordert? Was die römische Kirche betrifft, so ist es sogar zu einer Art Trotzreaktion gekommen, indem man etwa die Überlieferung über die Jungfräulichkeit Marias bei der Geburt Jesu zu einer ganzen »Mariologie« ausgebaut hat: Maria sei immer Jungfrau geblieben – obwohl die Bibel anderes sagt; und weil selbst schon »unbefleckt« empfangen, sei sie in dieser Unversehrtheit schon leiblich in den Himmel aufgenommen worden. Das erinnert in seiner Art an manches, was von Sekten gelehrt wird. Es ist konsequent das Gegenteil von einfach glauben. An solchen Zumutungen für jedes aufgeklärte Denken aber hält man leider eisern fest und stellt damit glaubenswilligen Menschen unüberwindbare Hürden in den Weg, die zu dergleichen nur mit dem unter päpstlichem Lehrverbot stehenden katholischen Theologen Hans Küng sagen können: »Ich lasse mich nicht von irgendwelchem Unsinn überzeugen.«

Ein Weiteres kommt hinzu: Das seit der Aufklärungsepoche entstandene historische Bewusstsein hat einen bestimmten wissenschaftlichen Umgang mit der Bibel hervorgebracht. Er trägt die – leider auch missverständliche – Bezeichnung »historisch-kritische« Bibelexegese. Diese ist heute in der Lage, die Botschaft des historischen Jesus aus Nazareth weitgehend zu rekonstruieren und von späteren Hinzufügungen abzuheben, zu denen es in der geschichtlichen Weitergabe gekommen ist. Es beruht dies unter anderem auch auf Erkenntnissen aus sehr alten Texten, die 1945 in Oberägypten gefunden wurden.

Bei dieser Wiedergewinnung der eigenen Botschaft Jesu zeigt sich, dass das Gottesbild der frühkirchlichen, später dogmatisierten Lehre vom Sühnopfertod Jesu am Kreuz, der den gerechten Zorn Gottes über die Sündhaftigkeit der Menschen gestillt hat, mit der Art, wie Jesus selbst von Gott geredet hat, nicht vereinbar ist. Diese Lehre vom Sühnopfer Jesu und insbesondere die Auffassung, dass es Gottes eigener Plan und Wille war, ihn dies erleiden zu lassen, hat in der Neuzeit schon immer vielfach Anstoß erregt, nicht zuletzt auch bei zahlreichen Christen. Und inzwischen kann es nun aufgrund der erwähnten Textfunde als sicher gelten, dass auch erhebliche Teile der frühen Christenheit die Deutung des gewaltsamen Todes Jesu als Sühnopfer nicht geteilt haben, sondern ihn als das typische Schicksal eines echten und großen Propheten verstanden haben.

Diese Sicht heute wieder aufzunehmen und die kirchlich bisher gültige Erlösungslehre nicht mehr zu teilen würde also keineswegs bedeuten, sich von der christlichen Religion überhaupt zu verabschieden, selbst wenn dies vielleicht auf den ersten Blick so erscheinen mag. Vielmehr würde damit Abschied genommen von der kompli-

49

zierten Konstruktion einer sogenannten Heilsgeschichte, die in der Kulisse eines antiken, nicht mehr gültigen Weltbildes spielt.

Und dieser Abschied ist identisch mit der konsequenten Hinwendung zur Botschaft Jesu vom immer schon ungebrochen barmherzigen Gott, der nicht zunächst voller Zorn ist, dann aber durch den Opfertod Jesu gnädig gestimmt wird und nunmehr nachsichtig ist mit den Menschen. Wobei aber offenbleibt, was im sündigen Rückfallsfalle der Fall sein wird. Kann der Glaube an diesen doppelgesichtigen zornig-gnädigen Gott wirklich Vertrauen sein? Luthers »Kleiner Katechismus« lässt seine Erklärungen der Zehn Gebote stets mit den Worten beginnen: »Wir sollen Gott fürchten und lieben, dass wir …« Geht das eigentlich: fürchten und lieben zugleich, Furcht und Vertrauen in einem? Ist das nicht ein großer Widerspruch in sich selbst, der ganz stark danach verlangt, aufgelöst zu werden? Und wenn er sich auflöst, wie geht das dann aus? Was behält die Oberhand: die Furcht oder die Liebe?

Der Glaube, zu dem Jesus aufruft, ist uneingeschränktes Vertrauen. Zu ihm gehört ein ungetrübt positives Gottesbild und ein nicht ungetrübtes, aber in dem Sinne positives Menschenbild, dass Einsicht und Befähigung des Menschen zum Guten nie prinzipiell infrage gestellt werden. Unbezweifelbar ist für Jesus, dass niemand seinem Kind, das ihn um Brot bittet, stattdessen einen Stein gibt. Und seine Logik lautet daraufhin: »Wenn nun ihr, die ihr doch böse seid, euren Kindern gute Gaben geben könnt, wie viel mehr wird euer Vater im Himmel Gutes geben denen, die ihn bitten!« (Mt. 7, 11). So ist die charakteristische Redeweise Jesu über Gott und die Menschen beschaffen.

Was aber bleibt als Glaube *an* Jesus? An Jesus glauben heißt dann, an die Wahrheit seines Redens von Gott zu glauben und sich folglich in eigener Freiheit und Verantwortung jeweils situationsgerecht so zu verhalten, wie es seinen Argumentationsweisen und seinen Beispielgeschichten entspricht. Das Vertrauen in die Güte Gottes fordert nicht nur unsere eigene, menschliche Güte heraus, sondern vermag sie auch zugleich hervorzubringen. Sich davon erfassen zu lassen ist in jeder Hinsicht genug. Denn die Menschheit ist mit dem einfachen Glauben *wie* Jesus – dem Glauben an ihn in *diesem* Sinne – weiß Gott längst nicht am Ende. Mehr aber braucht sie nicht als den Weg, die Wahrheit und das Leben.

3. Einfach glauben – einfach beten

»Gott ist, dass alles möglich ist«

Glauben sei »Vertrauen auf Gott als die Lebensmacht«. Mit dieser Formulierung konnte der Theologe Hans Weder oben zitiert werden. Eine
Formulierung ist das, die nicht wenigen Menschen entgegenkommt,
die sich nicht als Atheisten verstehen, es aber schwer haben, an einen
»persönlichen Gott« zu glauben, einen Gott, der eine Person ist. Gott
als »Urgrund allen Seins« zu glauben, als die für Menschen ganz unermessliche Macht, die allem, was ist, in seiner ungeheueren Vielfalt
und Größe zugrunde liegt, das fällt ihnen weit weniger schwer. Aber
ein persönlicher Gott? Einer, zu dem man sich in eine Beziehung setzt
wie zu einem Menschen und den man sich wie einen solchen vorstellen soll? Und der als solcher handelt und dazu auch von Menschen zu
bewegen ist? Ein Steuermann von allem, was sich abspielt? In nicht
wenigen Menschen sperrt sich etwas gegen eine solche Vorstellung
von »Gott«, und das mit respektablen Gründen.

Wofür müsste man diesen Gott nicht alles verantwortlich machen!?
Für wie viele Katastrophen etwa, unter denen die Menschheit immer
wieder zu leiden hat. Ob sie nun als Erdbeben, Hurrikan oder Tsunami
einfach über die Menschen kommen oder ob sie als Kriege menschen-
gemacht sind. Oder ob sie, wie die afrikanischen Hungerkatastrophen,
das eine wie das andere zugleich sind. Und wie viele nicht erhörte Gebete sind schon an diesen Gott gerichtet worden! Gott dagegen nicht
als Person, wohl aber als »die Lebensmacht« oder etwas Vergleichbares zu verstehen, das fällt zumindest leichter, ist besser geeignet,
das Nachdenken über »Gott« nicht frühzeitig zu blockieren.

Um ein zweifellos ernst zu nehmendes Problem handelt es sich dabei jedenfalls, das mit der Formelbetonung »Einfach *glauben*« nicht ohne Weiteres übersprungen werden kann. Es ist das Problem des »Anthropomorphismus«, wie der religionsphilosophische Fachbegriff dafür lautet, das Problem der Menschenähnlichkeit Gottes in unserer menschlichen Vorstellung von ihm. Das Dilemma dieser Problematik besteht darin, dass es so gut wie unmöglich ist, von Gott in einer Weise zu reden, die für das Leben konkret von Bedeutung ist, ohne von ihm *wie* von einem Menschen zu sprechen.

Die Bibel etwa ist voll von solcher anthropomorphen Redeweise von Gott. Umso mehr ist das der Fall, je älter die in ihr aufbewahrten Überlieferungen sind, je weiter zurück in der Menschheitsgeschichte deren Ursprünge liegen. Geradezu ein Musterbeispiel ist die Paradiesgeschichte im 1. Buch Mose ganz am Anfang der Bibel überhaupt, wo es im Kapitel über den »Sündenfall« Adams und Evas im Paradiesgarten sogar heißt: »Und sie hörten Gott, den Herrn, wie er im Garten ging, als der Tag kühl geworden war.« Gott beim Abendspaziergang im Garten Eden! Die Hitze des Tages scheint er – vermutlich schon ein älterer Herr – nicht leicht zu vertragen. So menschengleich haben sich die ursprünglichen Träger dieser uralten Überlieferung Gott hier vorgestellt.

Zugleich aber gibt es in den Schriften der Bibel auch das Wissen, dass die anthropomorphe Rede von Gott durchaus problematisch ist, ihn keineswegs wirklich erfassen kann. Sondern dass diese Redeweise, durch die Gott sehr vermenschlicht wird, eher den Charakter eines Notbehelfs hat, ohne den Menschen, weil sie nun einmal Menschen sind, nicht auskommen können. Ein Notbehelf aber, der mit der erheblichen Gefahr verbunden ist, von Gott auch in nur allzu menschlichem Format zu denken. Was dann leicht zur Folge haben kann, dass man sich seiner menschlich unermessbaren Größe nicht genügend bewusst bleibt und damit den absoluten qualitativen Unterschied zwischen Gott und den Menschen außer Acht lässt als eine klare Grenze auch der menschlichen Denk- und Vorstellungskraft.

Ein bemerkenswertes Bewusstsein von dieser Problematik offenbart dagegen Israels König Salomo bei der Einweihung des Tempels, den er in Jerusalem für Gott gebaut hat. Das war ein ganz außergewöhnlicher, weil erstmaliger Vorgang in der langen Geschichte Israels und deshalb keineswegs unumstritten. In dem Gebet, das Salomo zur Einweihung des Tempelbaus spricht, über die in Kapitel 8 des 1. Buchs der Könige berichtet wird, gibt er jedoch ein Beispiel für die große Weisheit, die bis heute mit seinem Namen verbunden geblieben ist. Denn er formuliert im Einweihungsgebet, um auch denen, die kritisch zu diesem Projekt stehen, gerecht zu werden: »Sollte Gott wirklich auf Erden wohnen? Siehe, der Himmel und aller Himmel Himmel können dich nicht fassen – wie sollte es dann dieses Haus tun, das ich dir gebaut habe?« Und doch hat Salomo mit dem Tempelbau eine feste Stätte errichtet, die der Pflege einer Beziehung zu Gott dient, als wäre er eine mit Menschen vergleichbare Person.

Das ist hier die große, sprichwörtlich gewordene Weisheit Salomos, dass er gerade angesichts des erstmalig errichteten »Gotteshauses« die Notwendigkeit sieht, die menschlich unvorstellbare Größe Gottes zu wahren, indem er in eindrucksvoller Bildhaftigkeit sagt: »Aller Himmel Himmel können dich nicht fassen.« Aber die so beschriebene, menschlich wahrhaft unermessliche Größe Gottes bedeutet auf der anderen Seite durchaus doch auch Zugänglichkeit. Zu seiner Größe gehört selbstverständlich auch seine Nähe. Und der Mensch ist zur Hinwendung zu diesem auch nahen Gott herausgefordert, zu seinem Menschsein auf Beziehung zu ihm angewiesen. Zwar muss man von Gott solche gewaltige, überlegene Größe aussagen, wie sie der Anblick des Kosmos erahnen, aber nicht erfassen lässt. Zu dieser Wahrnehmung von Größe gehört aber auch, dass man mit dem dänischen Religionsphilosophen Sören Kierkegaard sagen muss: »Gott ist dies, dass alles möglich ist, oder dass alles möglich ist, ist Gott.« Und darin liege begründet, dass man beten könne.

Und so ist es auch begründet, wenn im weiteren Fortgang des Gebetes Salomos alles Gewicht fällt auf die Funktion des Tempels als Stätte

55

der Begegnung mit Gott im Gebet: »Du wollest hören das Gebet, das dein Knecht an dieser Stätte betet, und wollest erhören das Flehen deines Knechts und deines Volkes Israel, wenn sie hier bitten werden an dieser Stätte, und wenn du es hörst in deiner Wohnung im Himmel, wollest du gnädig sein.« Nun hat er also eine »Wohnung im Himmel«, der, den zugleich »aller Himmel Himmel« nicht fassen können.

Salomos Gebet spiegelt das ganze Grundproblem wider: Die wahre Größe Gottes ist mit menschlichen Begriffen ganz und gar nicht erfassbar. Und Salomo wusste noch nichts von der Maßeinheit »Lichtjahr« – das sind fast 9500 Milliarden Kilometer – zum Erfassen der Ausdehnung von »aller Himmel Himmel«! Aber ohne den, der noch größer als diese sein muss – weil ihr Schöpfer –, wie eine Person zu betrachten und Bilder aus der Menschenwelt auf ihn zu übertragen, kann es nur schwer eine religiöse Praxis geben, eine konkrete Pflege von Beziehung zu ihm. Denn Beten setzt nun einmal voraus, dass da ein Gegenüber ist, das man auch anreden kann wie einen anderen Menschen, wenngleich nicht vorgestellt als der größte Supermann aller Zeiten.

Zu sagen, was wir »Gott« nennen, das sei die Lebensmacht schlechthin, der tragende Grund von allem, was ist, der in der Betrachtung der Schönheit und Großartigkeit von allem, was ist, zu erahnen ist – das wird aufgeklärtem, modernem Denken am meisten gerecht, ist ihm am ehesten zugänglich. Aber es ergibt noch keine religiöse Praxis. Ohne eine solche aber wird die philosophisch-religiöse Anschauung und Begriffsbildung kaum Relevanz für die Ganzheitlichkeit des Lebens in seinem realen Vollzug gewinnen. Die christlichen Gottesdienste sind deshalb ja auch stark durch Elemente mitgeprägt, die entweder direkt Gebet sind oder Gebetscharakter haben, wie zum Beispiel viele Lieder der kirchlichen Gesangbücher.

Aus dieser Notwendigkeit, auch eine religiöse Praxis zu haben – ganz konkret: auch singen und beten zu können –, daraus ergibt sich dann unvermeidlich die anthropomorphe Rede von Gott als Rede nicht über ihn, sondern mit ihm in vertrauender innerer Hinwendung zu ihm. Zu ihm, also persönlich, ganzheitlich; nicht nur zu etwas, das mit menschlicher Begriffsbildung auf der rationalen Ebene annähernd erfasst werden kann oder auch als Gegenstand meditativer Betrachtung geeignet ist.

Wesentlicher Bestandteil von religiöser Praxis ist also zweifellos das Gebet, die persönliche Hinwendung zu Gott, aber nicht zu Gott *als* einer Person, sondern *wie* zu einer solchen. Keine Religion, der das fremd wäre. Auch die Bibel ist voll von Belegen dafür. Salomos Gebet zur Tempeleinweihung ist eines der eindrucksvollsten Beispiele. Weniger selbstverständlich klar scheint allerdings zu sein, was richtiges Beten ist und was nicht. Nach dem Lukasevangelium (Lk. 11) jedenfalls verdankt sich die Existenz des zentralen Hauptgebets der Christen aller Zeiten und in allen Kirchen rund um den Globus bis heute, das Vaterunser, der an Jesus gerichteten Bitte seiner Jünger: »Herr, lehre uns beten!«, woraufhin es dann auch in der frühen Kirche das »Gebet des Herrn« oder kurz das »Herrengebet« genannt wird.

Diese Bitte seiner Jünger an Jesus, sie das Beten zu lehren, kann nicht bedeuten, dass sie bis dahin überhaupt nicht gebetet hätten. Das kann nicht so gewesen sein. Diese Bitte dürfte vielmehr einem Gefühl, einer Ahnung der Jünger Ausdruck geben, dass das für sie faszinierend Neue, das ihnen in der Art begegnet, wie Jesus von Gott redet, auch für ihr Beten von Bedeutung sein muss. Dass es zwischen der Art des Glaubens und der Art des Betens einen inneren Zusammenhang gibt. Wie könnte es anders sein? Der Hinweis, den die Jünger mit ihrer Bitte noch verbinden, auch der Täufer Johannes habe seine Jünger das Beten gelehrt, lässt sich so verstehen. Und zugleich gibt diese Erwähnung des Täufers und seines Kreises erneut zu erkennen, dass es da einen Unterschied gibt zwischen der Botschaft Jesu und der des Johannes, des leidenschaftlichen, reinen und radikalen Bußpredigers. Und dass es ein Bedürfnis nach Beten in der Gemeinschaft gibt, das nach einer für alle gültigen Formulierung verlangt.

»Gott weiß, was ihr braucht ...«

Eine Regale füllende Menge an Literatur ist über das Vaterunser schon verfasst worden. Hier sei vor allem beachtet, dass es ein vergleichsweise kurzes Gebet ist. Und dass sich diese Kürze verstehen lässt als Widerspiegelung dessen, was es an grundsätzlichen Aussagen Jesu über das Beten gibt. Eine solche Grundsatzreflexion hat ja auch der Evangelist Matthäus dem Vaterunser vorangestellt (Kapitel 6, 1-9). Darin nimmt Jesus Bezug auf eine Sitte der Pharisäer, einer konsequent gesetzesfrommen Gruppierung im jüdischen Volk zu seiner Zeit. Deren Angehörige pflegten in aller Öffentlichkeit zu beten, und zwar – aus Gründen der appellierenden, vorbildhaften Selbstdarstellung – vorzugsweise an den Straßenecken.

Vergleichbares lässt sich auch heute noch erleben, wenn etwa besonders bekenntnisfreudige Christen auf ihr Tischgebet auch beim Mensa- oder Kantinenessen Wert legen und es somit für jedermann sichtbar verrichten. Was dabei im Einzelfall das Motiv ist, wird durch den Vorgang als solchen zwar nicht erkennbar, aber das mit evangelikaler Frömmigkeit verbundene Motiv des »Zeugnisablegens« könnte dabei mitschwingen.

Die pharisäischen Beter allerdings, mit denen sich Jesus auseinandersetzt, verhielten sich ganz erklärtermaßen so, um den anderen ein Vorbild zu geben. Deshalb ja die Platzierung zum Gebet an den Straßenecken, aus Effektivitätsgründen sozusagen. Denn man konnte dann von mindestens zwei Seiten her gesehen werden und erreichte entsprechend mehr Menschen mit der Appellabsicht, die diesem Verhalten zugrunde lag.

Als eine Art des Betens erklärt Jesus dieses Vorgehen aber für sinnlos: »Wahrlich, ich sage euch: Sie haben ihren Lohn schon gehabt.« Mit anderen Worten: Der eigentliche Zweck ihres Betens ist schon erfüllt, indem sie es so tun, wie sie es tun. Es geht ihnen ja in Wahrheit nicht darum, sich Gott zuzuwenden. Vielmehr sind die Menschen, vor denen sie ihre Frömmigkeit als Vorbildgeber zur Schau stellen, ihr eigentlicher Adressat. Gott gegenüber sind sie dagegen geradezu schamlos, könnte man sagen. Denn er steht ja in Wahrheit zurück gegenüber dem hier beabsichtigten Zweck, nämlich von möglichst allen Seiten gesehen zu werden. Diesen Zweck erreichen sie natürlich auch. Aber das ist dann schon alles, was sich abspielt. Ob sie dabei wirklich erfolgreich sind, bleibt offen, ist aber nicht einmal wünschenswert. Denn mit Gott, so Jesus, hat das in Wirklichkeit alles nichts zu tun.

Wahres und wahrhaftiges Beten geschieht nach Jesus auf genau entgegengesetzte Weise. Gerade nicht in aller Öffentlichkeit, sondern: »Du aber, wenn du betest, geh in deine Kammer und schließ die Tür zu und bete zu deinem Vater, der im Verborgenen ist. Und dein Vater, der in das Verborgene sieht, wird dir's vergelten.« Er verweist also das Beten weg von der Außenwelt ganz nach innen, dorthin, wo man hinter verschlossener Tür mit sich und Gott ganz allein sein kann und es nicht möglich ist, dass jemand sonst gemeint sein könnte als wirklich nur Gott. Und wo der Blick nur nach innen gehen kann zu größtmöglicher Offenheit und Ehrlichkeit vor Gott. Wo das an mir offen liegen kann und offen liegen darf, was für andere Menschen ebenso verborgen und unsichtbar ist, wie auch Gott es ist.

Diese Hinwendung zu Gott im Gebet ist zwar eine wie zu einem Menschen, aber von einer grundlegend anderen Qualität als eine solche. Es ist allein Gott, »der in das Verborgene sieht«. Kein Mensch vermag das. Ihm kann ich mich deshalb aber auch vorbehaltlos, ganz vertrauend, ohne jede Furcht zuwenden. Und zwar nur so oder überhaupt nicht. »Ein Mensch sieht, was vor Augen ist, der Herr aber sieht das Herz an«, lautet ein berühmtes, tiefgründiges Wort des Alten Testaments, das oben schon einmal zu zitieren war. Und ein bedeutender Theologe des 20. Jahrhunderts, Paul Tillich, hat formuliert: »Gott ist in der Tiefe.« Eine durchaus mögliche Aussage, wenn auch eine, die in ungewohntem Gegensatz steht zum vertrauten »Ehre sei Gott in der Höhe« aus der Weihnachtsgeschichte.

»Gott aber sieht das Herz an«, das ist ein großes Trostwort, weil es auf etwas verweist, was nur Gott kann: mein Innerstes so kennen, wie kein Mensch es kann und wie ich es auch dem vertrautesten Menschen nicht zum Vorschein bringen kann. Was zum Leiden von Liebenden werden kann: nicht hineinzukönnen in den anderen; die Welt und mich selbst nicht mit seinen Augen sehen zu können; nicht wirklich zu wissen, was ihn ganz im Innersten bewegt; nicht zu wissen, was seine ungeäußerten Gefühle und seine unausgesprochenen Gedanken sind.

Es gibt nicht nur die Unsichtbarkeit Gottes, es gibt auch eine Unsichtbarkeit des Menschen, seines Innersten, seines »Herzens«, die allein Gott kennt. Dem entspricht das Beten als etwas Diskretes, etwas Zurückgezogenes, Intimes. Damit lebendiger Kontakt entstehen kann zwischen dem unsichtbaren Gott und unserem unsichtbaren Menschen. Dass im Gottesdienstablauf eine Stelle vorgesehen sein sollte, die ausdrücklich eine Zeit einräumt für das stille, ganz persönliche Gebet, das wünschen sich deshalb nicht wenige Kirchenmitglieder, wie repräsentative Befragungen zum Gottesdienst zeigen. Eine sehr sinnvolle Form findet da Bejahung, denn sie ermöglicht es, Beten als einen sehr individuellen, geradezu intimen Vorgang, der als solcher niemanden sonst etwas angeht, mit dem gemeinsamen Gebet – am besten des Vaterunsers – als eines Ausdrucks und Merkmals von gottesdienstlicher Gemeinde zu verknüpfen.

Bei allem Beten soll man aber, geht es nach Jesus, nicht viele Worte machen. Was zu beherzigen mitunter auch manchem gottesdienstlichen Gebet guttäte, das eine Gottesdienstgemeinde einfach hinnehmen muss, weil es vom Pfarrer stellvertretend für die passiv wehrlose Gemeinde formuliert und vorgetragen wird. Das läuft in einer zumindest in evangelischen Gottesdiensten verbreiteten Praxis häufig darauf hinaus, dass eine Kurzfassung der Predigt in Form eines Fürbittengebets vorgetragen wird. Das ist zumindest peinlich, weil es dem Gebet den Anstrich von etwas Vorgetäuschtem gibt, indem es das Gebet zum Verstärker des Predigtanliegens instrumentalisiert, frei nach der Devise: »Die Wiederholung ist die Mutter der Pädagogik.« Um ein wirkliches Gebet wird die Gemeinde dabei betrogen.

Man solle nicht »plappern wie die Heiden«, sagt Jesus. Denn die setzten ihr Vertrauen darauf, dass sie auf viele Worte hin auch umso mehr erhört würden. Das aber ist nicht das ungeteilte Vertrauen, das Gott wirklich entspricht. »Darum sollt ihr ihnen nicht gleichen. Denn euer Vater weiß, was ihr braucht, bevor ihr ihn bittet.« Wie könnte es da sinnvoll sein, ihn – ausgerechnet Gott – erst lang und breit über das Notwendige in Kenntnis zu setzen, mit Problembewusstsein auszustatten oder ihm gar Vorschläge für eine bestmögliche Problemlösung zu machen? In vorformulierten Gottesdienstgebeten geschieht das seit Längerem schon immer wieder. So wie Gott das aber alles nicht braucht, hat auch Einfachglauben als tatsächliches Vertrauen das alles nicht nötig.

Ganz deutlich wird hier, wie die Art des Glaubens und die Art des Betens einander entsprechen. Das tiefe Vertrauen zu dem barmherzigen Gott, den Jesus seine Jünger damals mit dem familiären »Abba« als Vater anzureden gelehrt hat, findet seinen Ausdruck in einer bestimmten Gebetshaltung, einem bestimmten Bewusstsein von auf Empfangen eingestellter Hinwendung zu Gott. Beten ist vertrauender Glaube als konkretes Sich-Anvertrauen, bei dem nicht das Wichtigste ist, was erbeten wird, sondern dass und wie es geschieht. Das zu verstehen ist grundlegend. Denn Beten ist kein Instrument zur Erfüllung von offenen Wünschen, ist nicht dasselbe wie der Kinderbrief an den Weihnachtsmann oder das Wunschkonzert im Radio. Das wird wiederum daran besonders deutlich, dass Jesus seine Begründung für den Verzicht auf das Gott mit vielen Worten »In-den-Ohren-Liegen« in die Worte fasst: »denn euer Vater weiß, was ihr braucht, noch ehe ihr ihn bittet.«

Man muss genau hinsehen auf diese Formulierung: »euer Vater weiß, was ihr *braucht*«, heißt es, längst schon, bevor man sich an ihn wendet. Darin ist ja die Möglichkeit enthalten, dass eine Differenz bestehen kann zwischen dem, was der Beter nach Gottes Einsicht braucht, und dem, was seine Wünsche sind, die ihm notwendig und berechtigt erscheinen. Richtiges Beten schließt das Wissen um diese mögliche, nie auszuschließende Differenz zwischen Gottes wissender Fürsorge und den eigenen Wunschvorstellungen also nicht aus, sondern von vornherein mit ein. Es kann sein, dass das, was ich wirklich brauche, etwas anderes ist als das, was ich mir so sehr wünsche. Richtiges Beten kann die Möglichkeit dieser Differenz aushalten, weil vertrauender Glaube auch dann in positiver Erwartung bleibt. Es würden mehr Tränen über erhörte Gebete vergossen als über nicht erhörte, lautet ein tief hintergründiger Satz, der der heiligen Theresia von Avila zugeschrieben wird. »Erhörte Gebete« hat der weltberühmte amerikanische Schriftsteller Truman Capote deshalb einen Tatsachenroman betitelt, der von den erfüllten Wünschen und zugleich damit erworbenen Leiden mancher der »Reichen und Schönen« Amerikas handelt, in deren Welt er sich selbst lange Zeit bewegt hat.

Es ist an dieser Stelle fällig, eines der eigentümlichsten Worte Jesu zu zitieren, die in der Evangelienüberlieferung überhaupt anzutreffen sind. Denn es ist ein Wort, das bei vordergründiger Betrachtung so sehr aller gängigen Logik widerspricht, dass man es auf den ersten Blick für unsinnig halten mag. Dies könnte wohl auch damit zusammenhängen, dass Martin Luther in seiner Übersetzung den griechischen Urtext sozusagen korrigiert hat und dass bisher dieser Übersetzungsfehler noch durch keine Neuausgabe des Luthertextes revidiert worden ist. Es geht um einen Satz, der sich im Markusevangelium (Kapitel 11, 24) findet und der lautet: »Alles, was ihr bittet in eurem Gebet, glaubt nur, dass ihr's empfangen habt [Luther: »empfangt«], und ihr werdet es erhalten.«

Wie bei manchem anderen solcher Einzelstücke der Jesusüberlieferung, die lange schon mündlich weitergegeben wurden und deshalb knapp ausfallen, würde man hier gern genauer erläutert bekommen, wie das denn gemeint ist: »glaubt nur, dass ihr's [schon] empfangen *habt*«. Man wird wohl am besten Zugang zu diesem Wort finden, wenn man den Abschnitt über das Sorgen aus der Bergpredigt als Kontext zum Verständnis mit heranzieht. So wie für die Vögel unter dem Himmel und die Lilien auf dem Felde in Gottes Schöpfung von vornherein gesorgt ist, so schon ganz und gar für die Menschen: »sollte er das nicht viel mehr für euch tun ...?« (Mt. 6, 30).

Man könnte analog dazu auch den großen Dichter von Kirchenliedern Paul Gerhardt aus seinem Lied »Befiehl du deine Wege« zitieren: »Der Wolken, Luft und Winden gibt Wege, Lauf und Bahn, der wird auch Wege finden, da dein Fuß gehen kann.« Wer in einem solchen Bewusstsein von begründetem Vertrauen und nicht mit der frömmelnden Passivität eines Dulders, sondern durchaus aktiv den Dingen seines Lebens nachgeht, der wird auch erleben, dass er, was er von Gott erbeten hat, auch bekommt. Indem er nämlich der alten Mönchsregel *Ora et labora* – »Bete und arbeite!« – entsprechend heute das tut, was heute zu tun ist, unbekümmert darum, was morgen sein wird. »Es ist genug, dass ein jeder Tag seine eigene Plage hat«, heißt es am Ende der Rede über das Sorgen. So wird empfangen, was zum Leben gebraucht wird, jedenfalls in dem Rahmen, den Jesus mit den Bitten des Vaterunsers abgesteckt hat. Denn wer so betet, bittet um nichts, was mit dem guten und klugen Willen Gottes nicht vereinbar wäre und deshalb gar nicht erhört werden kann.

»Glaubt nur, dass ihr's empfangen *habt*«, das ergibt nur Sinn, wenn es verstanden wird als Aufruf zum unbedingten Vertrauen in Gottes Schöpfung und damit zum Schöpfer selber. Solches Vertrauen ist dann von vornherein gar nicht auf den Aberglauben angewiesen, dass das Gebet ein Hebel sei, ein Machtinstrument, um Dinge wie von Zauberhand zu bewegen. Und doch hat es Sinn zu beten. Denn es wird Gott damit anvertraut, was hier und jetzt in eigene Hände nicht gelegt ist, die sich gleichwohl tätig rühren. Es hat deshalb auch etwas sehr Sinnvolles, wenn zum Beten die Hände gefaltet werden. Sie werden damit nicht im Sinne von nachlässiger Untätigkeit »in den Schoß gelegt«. Aber sie lassen in der Hinwendung zu Gott bewusst ab von allen eigenen Werken, ohne dass darin eine Leugnung von deren eigenem Wert zum Ausdruck käme.

Beten lebt so von einem Vertrauen, das der Skepsis oder gar Resignation keinen Raum lässt, dass alles, was man nicht aus eigener Möglichkeit und eigener Kraft bewegen kann, sich überhaupt nicht bewegen könne. Vielmehr bleibt die Unterscheidung wie auch Kombination, die das *Ora et labora* vornimmt, auch in dem Sinne in Geltung, dass einfach Gott anvertraut wird, was das eigene Vermögen nun einmal übersteigt. Klassische Begriffe von christlichen Tugenden wie Demut und Geduld – hier haben sie ihren Ort, hier sind sie sinnvoll. Denn hier sind sie ausschließlich auf Gott bezogen und damit geschützt vor Verwendung in einem missbräuchlichen Sinne, etwa dem einer Unterwerfung unter wen auch immer, der beansprucht, im Namen Gottes verbindlich reden und handeln zu dürfen oder gar zu müssen.

Und wieder lässt sich Paul Gerhardt zitieren: »Ihn, ihn lass tun und walten, er ist ein weiser Fürst und wird sich so verhalten, dass du dich wundern wirst.«

Und was dann, wenn der Anlass zum Sich-Wundern vorhanden ist? Dann ist eine Gebetshaltung angesagter und wichtiger, als sie im alltäglichen Lebensvollzug gewöhnlich Raum findet: die des Dankens. In der Jesusüberlieferung findet sie sich zwar nur an wenigen Stellen, dann aber bezeichnenderweise immer auf das »tägliche Brot« bezogen, das im Vaterunsergebet ein so bedeutendes Anliegen ist. Denn im hebräischen wie auch in dem Jesus geläufigen aramäischen Sprachgebrauch meint das Wort für Brot nicht nur etwas aus Getreide Gebackenes, sondern ganz allgemein jegliche Nahrung. Und die war für die Mehrzahl der Menschen stets so bedrohlich knapp, dass diese Situation der Ungesichertheit des bloßen Überlebens auch den hauptsächlichen Hintergrund zur Jesusrede über das Sorgen darstellt. Vom Brot ist in den Evangelien deshalb sehr oft direkt oder indirekt die Rede und selbstverständlich in Zusammenhang mit dem Thema des Betens: »Wer ist unter euch Menschen, der seinem Sohn, wenn er ihn um Brot bittet, einen Stein biete?«, lautet eine rhetorische Frage Jesu als Hinführung zu der Aufforderung, umso größeres Vertrauen zu der Fürsorge Gottes zu haben, die man erbittet (Mt. 7, 9-11).

Aufgrund der uns heute weithin selbstverständlichen Ernährungsbedingungen des ständigen Überflusses in den Industrienationen bedarf es einer geradezu gewaltigen Anstrengung des Einfühlungsvermögens, um wenigstens annähernd zu erfassen, wie das Lebensgefühl beschaffen ist, wenn das »tägliche Brot« zu haben so wenig selbstverständlich ist, dass es daraufhin zum wichtigsten, unverzichtbaren Inhalt von Bitte und Dank gegenüber Gott wird. Die Wundergeschichte von der »Speisung der 5000« mit fünf Broten und zwei Fischen durch Jesus spiegelt diese Situation der Menschen wider, die es in der Zeit und Welt des historischen Jesus in so großer Zahl gab und unter denen er sich vorrangig bewegt hat. Alle vier Evangelien enthalten diesen Wunderbericht, was trotz seiner für Legenden typischen Merkmale der Übertreibung die Annahme nahelegt, dass diese Überlieferung von einem tatsächlichen historischen Ausgangspunkt herkommt. Was immer sich wirklich einmal Ungewöhnliches abgespielt haben mag, wenn in allen vier Evangelien davon die Rede ist, dass Jesus vor der Verteilung von Broten und Fischen als Mahlzeit »zum Himmel aufsah und dankte« (so Mt. 14, 19), so ist das ein selbstverständlicher, aber keineswegs ein sinnentleert gewohnheitsmäßiger Vorgang.

Wie unglaubwürdig diese Erzählung auf der Ebene des Faktischen durch ihre maßlosen Übertreibungen auch sein mag (zwölf Körbe mit »Brocken« bleiben sogar übrig!) – mit dem Motiv der Verknüpfung von Danken und Teilen wird etwas transportiert, worin sich die Grundstruktur der Botschaften Jesu widerspiegelt. So wie die klösterliche Regel des *Ora et labora!* die Zusammengehörigkeit von Bitte und Tat festhält, so gehören auch Danken und Teilen zusammen wie die Barmherzigkeit der Menschen als Spiegelung der Barmherzigkeit Gottes.

Das von Jesus verkündete Evangelium wolle »eine Gemeinschaft unter den Menschen stiften, so umfassend wie das menschliche Leben und so tief wie die menschliche Not«. So hat es Adolf von Harnack vor über hundert Jahren in seiner bis heute lesenswerten Abhandlung über »Das Wesen des Christentums« formuliert. Und in einer seiner großen historischen Forschungen hat er aufgezeigt, wie sehr die Attraktivität und Ausbreitung des Christentums im Römischen Reich damit zusammenhing, dass die frühchristlichen Gemeinden materielle Not immer wieder durch konsequentes Teilen in einer Solidarität bewältigten, wie sie der damaligen Welt völlig fremd war.

Die heutigen Hungerkatastrophen, die es in Afrika und anderswo gibt, sind von daher betrachtet, weil sie weitgehend vermeidbar wären, eine große Katastrophe der christlichen Welt mit ihrem Überfluss. Und zwar einem Überfluss nicht nur an Nahrung, sondern auch an Luxus und Waffen. Ebenso betroffen sind Teile der islamischen Welt, die ja Jesus auch zu ihren Propheten zählt. Und wer angesichts der nicht erhörten Gebete der Menschen, die heute an Hunger oder Aids erbärmlich sterben, nach der Gerechtigkeit Gottes fragte, der bekäme mit dem Hinweis auf die schändliche Ungerechtigkeit zu vieler Menschen eine hinreichende Antwort.

4. Einfach glauben – einfach nachfolgen?

Nachfolge – nicht »Gefolgschaft«

Kommerzielle Werbung kennt offenbar keine Tabus. Die Aufforderung Jesu »Folgt mir nach!«, die er nach den Evangelienberichten am Beginn seines öffentlichen Wirkens an diejenigen gerichtet hat, die seine ersten und ständigen Begleiter wurden, findet im Internet inzwischen als Werbeslogan für Reisen ins »Heilige Land« Israel Verwendung. Dennoch: Sie ist ein klassisches, bedeutendes Thema christlicher Frömmigkeits- und Theologiegeschichte: die »Nachfolge Jesu«. Zum prominentesten Repräsentanten dieses Themas in der Christentumsgeschichte des 20. Jahrhunderts wurde kein Geringerer als Dietrich Bonhoeffer.

Aber wie kommt das Fragezeichen hinter die Kapitelüberschrift? Inwiefern gerade bei diesem Thema? So könnte jemand mit nachvollziehbarer Verwunderung fragen, der sich erinnert, dass es dazu im Matthäusevangelium eine Stelle gibt, die wegen ihrer bedingungslosen Konsequenz besonders einprägsam ist. Indem da nämlich erzählt wird, dass einer zu Jesus gesagt habe, er wolle sich ihm gern anschließen, wolle aber erst noch seinen Vater beerdigen; woraufhin er die Antwort bekommen habe: »Folge du mir und lass die Toten ihre Toten begraben!« (Mt. 8, 22). Auffallend schroff ist diese Antwort, auf die noch zurückzukommen sein wird. Umso klarer ist sie aber auch. Den Begriff der Nachfolge Jesu versieht diese Antwort in der Tat eher mit einem Ausrufe- als mit einem Fragezeichen.

67

So ist es wohl auch gewesen, als Jesus vor fast 2000 Jahren einen Kreis von »Jüngern« um sich sammelte. Klare Entschiedenheit gehörte offenbar zu seinen Erwartungen. Unser Verb »folgen« und die damit eng verwandten Substantive tragen allerdings eine bestimmte Geschichte in sich. Und diese sollte, dem Missverständnis vorbeugend, nicht ausgeblendet werden, wenn von der Bibel her »Nachfolge« das Thema ist. Denn »folgen« findet im allgemeinen Sprachgebrauch auch im Sinne von »gehorsam sein« Verwendung. Gehorsam aber war jahrhundertelang der in Staat und Kirche herrschende oberste Sinn und Zweck aller Erziehung und eine wesentliche Voraussetzung dafür, dass die erste deutsche Demokratie einem totalitären System zum Opfer fallen konnte: »Führer befiehl, wir folgen dir!«, so lautete bekanntlich die Parole Nr. 1 der Partei der »Nationalsozialisten«.

Diese Parole war zunächst von ihrem Führer Adolf Hitler nur dieser Partei vorgegeben. Nach deren politischer Machtübernahme 1933 wurde sie jedoch folgerichtig zum zentralen Strukturprinzip des Regierungssystems erklärt sowie zur Grundorientierung für möglichst ausnahmslos alle Köpfe des Staatsvolkes. »Der Führer« wurde zur Bezeichnung Hitlers schlechthin, zum alleinigen Titel des Diktators. Seine so benannte Funktion wurde entsprechend zum Leitbild seiner zahlreichen Unterführer und Gefolgschaft zu leisten zur geforderten Generaltugend aller »Volksgenossen«.

Hitlers politischen Autobiografie »Mein Kampf« kann man entnehmen, wie geradezu besessen der spätere Diktator von der Idee des »Führerprinzips« war und in welchem Maße darin sein tiefsitzender Hass auf alles Demokratische zum Ausdruck kam. Die Stärke einer politischen Gruppierung, so schrieb er, liege »keineswegs in einer möglichst großen und selbständigen Geistigkeit ihrer einzelnen Mitglieder«, sondern allein in dem disziplinierten Gehorsam, mit dem die Angehörigen einer Bewegung »der geistigen Führung Gefolgschaft leisten«. In jedem Kampfe siegreich sei, wer »die überlegenste Führung und zugleich die disziplinierteste, blindgehorsamste, bestgedrillte Truppe hat«. Niemals ersetzbar sei dieses Zusammenwirken von Führer und Gefolgschaft durch den demokratisch herbeigeführten – nach Hitler »erbettelten« – Mehrheitswillen. Denn die Majorität »ist nicht nur immer eine Vertreterin der Dummheit, sondern auch der Feigheit«. In welche Abgründe die Wege führten, auf denen nach diesem Führerprinzip nicht gegangen, sondern im Gleichschritt marschiert wurde, ist bekannt. Sie waren so entsetzlich und folgenreich, dass sie für den Journalisten Ulrich Wickert noch 1990 zum Anlass wurden, angesichts der unverhofften Wiedervereinigung Deutschlands ein Buch mit dem Titel »Angst vor Deutschland« herauszugeben; ein Sammelband mit einer Vielzahl von Beiträgen höchst prominenter Autoren. Was wird es bedeuten, wenn zu der inzwischen einigermaßen demokratiegeübten Gesellschaft der westlichen Bundesrepublik Deutschland ein 17 Millionen Menschen umfassender Bevölkerungsanteil hinzukommt, für den es sechzig Jahre lang nur ein Leben in totalitären Systemen gegeben hat? Wenig verwunderlich ist es von daher, dass der Beitrag Arthur Millers, des großen amerikanischen Schriftstellers jüdischer Abkunft, in diesem Band mit der Frage beginnt: »Übernehmen die Deutschen die Verantwortung für die Verbrechen der Nazizeit?«

Dietrich Bonhoeffer, 1906 geborener Leiter des Predigerseminars der zum »Dritten Reich« distanziert stehenden Bekennenden Kirche (BK), hat sich in solcher Verantwortung wohl schon 1937 gesehen, als er das bekannteste Werk seiner theologischen Hinterlassenschaft herausbrachte. Es trägt den Titel »Nachfolge«, der offenkundig antithetisch gewählt ist zum nazistischen Führer- und Gefolgschaftsprinzip. Schon im Wintersemester 1935/36 war »Nachfolge« Bonhoeffers Thema in seinen Vorlesungen als Privatdozent der Berliner Universität gewesen, bevor ihm 1936 die Lehrbefugnis durch das Reichserziehungsministerium entzogen wurde. Mit den »Nürnberger Rassegesetzen« vom September 1935 hatte zu dieser Zeit die Verbrechensgeschichte des Dritten Reichs gegenüber den Juden bereits ihren Anfang genommen. Durch diese Gesetzgebung waren die Juden in Deutschland völlig rechtlos, quasi vogelfrei geworden.

Aber nicht nur hierzu steht Bonhoeffer als der herausragende Kopf des konsequenten Flügels der Bekennenden Kirche in Opposition, sondern er gerät mit seinen engeren Freunden auch innerkirchlich in die Isolierung. Denn zur »Judenfrage« erweist sich die Leitungsebene der Bekennenden Kirche dem Nazistaat gegenüber als durchaus harmoniebereit. So kann die Geheime Staatspolizei der politischen Führung als Erkenntnis ihrer Bespitzelungen melden, dass die führenden Männer der BK zwar an der Judenmission festhalten und damit auch an der Möglichkeit der Taufe von Juden. Ansonsten aber werde die staatliche Vorgehensweise gegen die Juden als den »Feinden« und inneren »Schädlingen« des deutschen Volkes für begründet angesehen. 1937 bezeichnet der württembergische Landesbischof Theophil Wurm die evangelische Kirche öffentlich als vorbildlich »judenrein«.

Nachfolge – nicht »Sukzession«

Vor dem Hintergrund, dass in dieser Kompromissbildung die von Hitler geforderte »Gefolgschaft« auch bis weit in die Kirche hineinreicht, wird für Dietrich Bonhoeffer der uralte christliche Begriff der »Nachfolge Jesu« zu seinem Thema. Wie eingangs schon angesprochen, wurzelt dieser Begriff darin, dass in der Evangelienüberlieferung berichtet wird, Jesus sei am Beginn seines öffentlichen Wirkens auf seine ersten Weggefährten mit der Aufforderung zugegangen: »Folgt mir nach« (Mk. 1, 16-20).

Die gebräuchlichen Bibelausgaben versehen die Textabschnitte der Evangelien, in denen das berichtet wird, traditionell mit der Überschrift »Die Berufung der ersten Jünger«. Die Wahl dieser Formulierung stellt jedoch schon eine kirchliche Interpretation dar, die eine gewisse Suggestion enthält, ob sie nun bewusst oder unbewusst gewählt ist. Der Begriff »Berufung« ist in den Evangelien selbst ja nirgendwo zu finden, hat aber im heutigen Sprachgebrauch eine bestimmte Prägung, die hier zum Tragen kommt. Im kirchlichen Bereich hat dieser Begriff eine gewisse Geläufigkeit im Zusammenhang mit der Thematik der Entscheidung von jungen Männern – evangelisch auch Frauen – für den Pfarrerberuf und den Eintritt in diesen durch die Ordination bzw. – katholisch – den Empfang des Sakraments der Priesterweihe. Diesen Entscheidungen, die im Regelfall für ein ganzes Leben verbindlich sind, und insbesondere den zugehörigen liturgischen Handlungen wird von der kirchlichen Dogmatik nachgesagt, sie stellten eine ganz besondere, herausgehobene Beziehung zu Jesus Christus, dem »Herrn« der Kirche, her.

Dies schlägt sich nun in den offiziellen Bibelausgaben darin nieder, dass die Sammlung von ersten Weggefährten durch Jesus von den Bibelherausgebern als »Berufung« der Jünger bezeichnet wird, obwohl dieser Ausdruck den Evangelientexten selbst fremd ist. Auf diese Weise lässt man hier unter der Hand eine sehr bedeutsame Unterscheidung ihren ersten Anfang nehmen: die Zweiteilung der Kirche – man könnte auch Aufspaltung sagen – in »hochwürdige« Priester und Bischöfe auf der einen und diesen gegenüberstehend einfachen »Laien« auf der anderen Seite. Was sich im evangelischen Bereich – weniger rechtlich fixiert, aber nicht weniger ausgeprägt – wiederfindet in der Unterscheidung von »geistlichem« Stand und Laienstand. Woraufhin dann die einen »die Kirche« werden und die anderen zu deren »Gläubigen« bzw. im spezifisch katholischen Sprachgebrauch zum »Kirchenvolk«.

So gewinnt denn auch der Begriff der Nachfolge in der römisch-katholischen Dogmatik seine größte Bedeutung in der Lehre von der »apostolischen Nachfolge« – lateinisch: der apostolischen Sukzession – der Bischöfe. Diese werden als Kollektiv verstanden, was eine Interpretation der von Jesus vollzogenen Zeichenhandlung der Bildung eines Zwölferkreises darstellt. Weshalb eine Bischofsweihe stets durch mindesten drei Bischöfe vorgenommen wird, und zwar in Form der Handauflegung als äußerem Zeichen der apostolischen Nachfolge, von der aufs Inhaltliche bezogen behauptet wird, dass sie die Übereinstimmung der kirchlichen Tradition und ihrer Fortentwicklung mit dem Glauben der Apostel gewährleiste. Folglich bilden die Bischöfe miteinander und in Gemeinschaft mit dem Papst an ihrer Spitze das kirchliche Lehramt, das dem Kirchenvolk den zu glaubenden »Glauben der Kirche« vorgibt.

In keinem anderen Zusammenhang der römisch-katholischen Lehre hat der Begriff der Nachfolge ein nur annähernd vergleichbares Gewicht. Zwar gibt es ihn auch als Bezeichnung für die Frömmigkeitsbeziehung des Einzelnen zu Jesus. Worin diese aber konkrete Gestalt annimmt und worin nicht, darüber befindet im Zweifelsfalle wieder das Lehramt mit absoluter Verbindlichkeit für das, was von den Priestern, Diakonen oder Pastoralreferenten zu lehren und von den »Gläubigen« zu befolgen ist.

Das alles ist folgenreich für die ökumenische Entwicklung, den schwierigen Versuch der Überbrückung der Kirchenspaltung des 16. Jahrhunderts durch die Wiederannäherung der christlichen Konfessionen. Da die evangelischen Kirchen die römische Lehrbildung der »apostolischen Nachfolge« nicht teilen, bezeichnet der »Katholische Erwachsenenkatechismus« von 1985 nicht zu Unrecht die »apostolische Sukzession« als »den neuralgischen Punkt der ökumenischen Auseinandersetzung um die wahre Kirche«.

Während sich diese Aussage aber immerhin noch dahingehend verstehen lässt, dass hier eine herausragend klärungsbedürftige Differenz der Konfessionen besteht, hat Joseph Ratzinger schon fünfzehn Jahre später in dieser Hinsicht Eindeutigkeit hergestellt. Veranlasst durch das zur Jahrtausendwende ausgerufene »Heilige Jahr 2000« erschien unter dem Titel »Dominus Jesus« eine vatikanische Erklärung »über die Einzigkeit und Heilsuniversalität Jesu Christi und der Kirche«. Herausgeber – unter ausdrücklich erwähnter Zustimmung durch Papst Johannes Paul II. – war die vatikanische »Kongregation für die Glaubenslehre« unter der Federführung ihres damaligen Präfekten Joseph Kardinal Ratzinger. Nach seiner Wahl auf den »Stuhl Petri« als Benedikt XVI. 2005 hat er die in »Dominus Jesus« vorgenommenen Festlegungen bekräftigend wiederholt, die von größter Bedeutung für die Ökumene sind.

Nach diesem Dokument sind die protestantischen Kirchen »nicht Kirchen im eigentlichen Sinn«, weil ihnen neben der richtigen Lehre über die Eucharistie auch »der gültige Episkopat« fehle, den es ohne die Lehre und Praxis der »apostolischen Nachfolge« nicht geben könne. Anders steht es in diesen Punkten mit den orthodoxen Kirchen. Sie sind insofern aus römischer Sicht auch echte Kirchen. Ihre Bischöfe stehen wie die der römischen Kirche in der apostolischen Nachfolge. Was ihnen noch fehlt, ist die Anerkennung des Universalepiskopats des Bischofs von Rom. Im vatikanischen Dokument »Dominus Jesus« werden sie deshalb »Teilkirchen« genannt.

Über eine bestimmte, für allein richtig erklärte Dogmatik zu verfügen macht hier Glaubensgemeinschaften zu »Kirchen im eigentlichen Sinn«, was nur heißen kann: zu den alleinigen Trägern des wahren göttlichen Heils, das anderen religiösen Gemeinschaften verschlossen bleibt. Aus der Nachfolge Jesu in den Evangelien ist dabei ein dogmatisches Institut geworden. Sie ist zur »apostolischen Sukzession« geronnen als einer geheiligten Machtstruktur. Ihr Zweck ist die auf Dauer gestellte institutionelle Garantie der Wahrheit von kirchlicher Lehre. »Nachfolge« ist damit zum entscheidenden Merkmal der Heraushebung einer hochexklusiven Klerikerelite geworden. Was zur Folge hat, dass allein diese und niemand sonst gemeint ist, wenn etwa davon die Rede ist, dass »die Kirche« etwas gesagt, gelehrt, getan, etwas verboten, erlaubt oder anerkannt habe. Seit den Beschlüssen des Ersten Vatikanischen Konzils von 1869/70 über die Dogmen des Universalepiskopats des Bischofs von Rom und dessen Unfehlbarkeit in der Glaubens- und Sittenlehre ist aber letztlich alle kirchliche Macht exklusiv im Amt und in der Person des Papstes konzentriert.

Wie sich beim Ausgang des Streits der 1990er-Jahre eines erheblichen Teils der deutschen Bischöfe mit Rom um die »Schwangerenkonfliktberatung« gezeigt hat, geben aufgrund dieser römischen Machtkonzentration die katholischen Bischöfe im zugespitzten Widerspruchsfalle am Ende nur das Bild eines zahnlosen Löwen ab. Die Auseinandersetzung zog sich zwar längere Zeit hin, am Ende aber konnten auch die hartnäckigsten Widerständler nur klein beigeben. Letztlich sind auch Bischöfe nur ein Zwischenglied der Hierarchie, nur repräsentative Statthalter und Boten des stets und ganz allein maßgeblichen »Heiligen Vaters«. Das ist selbst dann so, wenn der Bischof dem angehenden Priester bei seiner Weihe die Frage vorlegt: »Versprichst du mir und meinem Nachfolger Ehrfurcht und Gehorsam?« Allein dem Papst wird dies genau genommen gelobt, wenn der Weihekandidat dem Ritus entsprechend seinem Bischof der Länge nach zu Füßen liegt.

Vor diesem Hintergrund kann es nicht überraschen, dass mancher Bischof gegen vermeintliche oder tatsächliche Dissidenten besonders hart vorgeht, wenn er sich bei seinem Handeln der vollen Übereinstimmung mit Rom gewiss sein kann. Dies war zum Beispiel gegeben, als 2011 dem Theologen und Publizisten Georg Schwikart durch den Erzbischof von Köln die anstehende Diakonweihe verweigert wurde. Teilhabe an der höchsten kirchlichen Machtverwaltung will erfahrbar bleiben.

»Lass die Toten ihre Toten begraben!«

Weit, weit entfernt von einem solchen Verständnis von Nachfolge ist Dietrich Bonhoeffer. Was ihn bewegt, und zwar »bedrängend«, wie er im Vorwort seines Buches schreibt, ist die Frage, was der Ruf, Jesus nachzufolgen, in der Gegenwart von 1937 bedeuten kann »für den Arbeiter, für den Geschäftsmann, für den Landwirt, für den Soldaten«. An dieser Ausdrucksweise von handfester Anschaulichkeit lässt sich ablesen, in welchem Maße die gesellschaftliche Wirklichkeit unter der nationalsozialistischen Herrschaft für Bonhoeffer den Horizont seines Fragens und Denkens darstellt. Und dass dieses Fragen und Denken auf sehr konkretes Handeln in diesem bedrängenden Horizont der politischen Gegenwart abzielt.

Diese Zielrichtung schlägt sich auch darin nieder, dass Bonhoeffer den ersten Hauptteil seines Buches mit einem Satz von der Art eines

Paukenschlags beginnen lässt. Denn er nimmt darin eine bis dato nicht vorhandene Begriffsbildung vor, die in die protestantische Theologiegeschichte eingegangen ist, indem er formuliert: »Billige Gnade ist der Todfeind unserer Kirche.« Vom Begriff der »Gnade« ist die Theologiegeschichte übervoll. Von »billiger« bzw. »teurer« Gnade war bis dahin allerdings noch nie die Rede. Und mit deutlich spürbarer Leidenschaftlichkeit erläutert Bonhoeffer sogleich, was er damit meint: Billige Gnade sei Gnade »als Lehre, als Prinzip, als System«, sei Sündenvergebung als »allgemeine Wahrheit« und damit »Gnade als Schleuderware, verschleuderte Vergebung, verschleuderter Trost, verschleudertes Sakrament«. Damit wird frontal ein »lutherisch« traditionelles Gnadenverständnis angegangen, das selbst einem rassistischen Totalitarismus gegenüber keine Handlungsimpulse mehr in sich trägt. Denn, so Bonhoeffers Anklage: »Weil Gnade doch alles allein tut, darum kann alles beim Alten bleiben.«

Und genau das darf es für Dietrich Bonhoeffer im Jahr 1937 nicht geben. Nur wer in dieser Zeit für Juden schreie, dürfe auch gregorianisch singen, lautet eine berühmt gewordene Aussage aus seiner Feder. Daran misst er die Kirche. Und sie erweist sich in ihrer opportunistischen Bereitschaft zum Kompromiss mit der politischen Macht als diesem Maßstab nicht gewachsen. Sie versperrt mit ihrer Tradition der billigen Gnade den Zugang zum wirklichen Glauben. Den kann es darum nur noch als Gehorsam gegenüber dem Ruf Jesu in seine Nachfolge geben: »Nur der Gehorsame glaubt.«

Auch in seinem Sprachgebrauch ist Bonhoeffer in diesem Zusammenhang absolut konsequent, indem er nicht nur vom »Ruf Jesu« in die Nachfolge spricht, sondern sogar von dessen »Befehl«. Es wird damit ganz unverkennbar, was schon im Eingangskapitel über die von Karl Barth und Rudolf Bultmann vorgenommene und nicht haltbare Wortschöpfung »Glaubensgehorsam« festzustellen war: Indem der entschlossene Widerspruch gegen das wahrhaft gottlose System eines brutalen Totalitarismus die theologischen Gedanken weitgehend prägt, wird die eigene Denkweise in ihrer Struktur durch die des Systems selbst mitgeformt und dabei ein Stück weit auch deformiert. Mehr noch als bei Barth und Bultmann wird das an der Prägung ablesbar, die Bonhoeffers Werk »Nachfolge« durch die Bedingungen seines Erscheinungsjahrs 1937 und die politische Leidenschaftlichkeit seines Autors angenommen hat.

Das Begriffspaar Befehl und Gehorsam erweist sich aber bei genauerem Hinsehen als durchaus nicht geeignet, den angemessenen Rahmen abzugeben für die Erfassung und Wiedergabe der Botschaften Jesu vom »Reich Gottes und seiner Gerechtigkeit« (Mt. 6, 33). Unübersehbar gehört ja die Hochschätzung des Gehorsams als Mittel und Ziel aller Erziehung zu den durch Jahrhunderte lebendigen Traditionen, die der Nationalsozialismus konsequent in seine Dienste zu stellen wusste.

Und dies nur als einen Missbrauch anzusehen wird der prinzipiellen Problematik des enorm hohen Stellenwerts des Gehorsamsideals nicht gerecht. Vielmehr hat dieses Erziehungsideal die Persönlichkeitsstrukturen wesentlich mit hervorgebracht, ohne die Menschen nicht zu Trägern der höchst aggressiven nationalsozialistischen Bewegung werden konnten bis hin zur planvollen Durchführung schwerster Verbrechen gegen die Menschlichkeit. Es gründet dies darin, dass zur Verwirklichung des Ideals der massive Einsatz körperlicher Züchtigung und anderer Formen von Gewalt stets nicht nur als zulässig, sondern auch als unbedingt geboten galt, und dies vorgeblich aus Gründen größtmöglicher Fürsorgepflicht. Nicht zuletzt berief und beruft man sich dafür auf die Bibel: »Züchtige deinen Sohn, solange Hoffnung da ist, aber lass dich nicht hinreißen, ihn zu töten« (Sprüche Salomos 19, 18). Letzteres scheint nicht mit Selbstverständlichkeit ausgeschlossen zu sein, anders ergibt die Ermahnung ja keinen Sinn. Gott selbst kann als Vorbild fungieren: »Wen der Herr lieb hat, den züchtigt er, und er schlägt jeden Sohn, den er annimmt« (Hebräerbrief 12, 6). Verheerende Wirkungen bringt dieses auch in beiden Kirchen mit Nachdruck als Gottesgebot propagierte Züchtigungsideal in vielen Einzelfällen hervor. Wie skrupellose Gewalt aus der Erziehungsbrutalität erwachsen kann, die in der eigenen Kindheit erlitten wurde, hat die Schweizer Tiefenpsychologin Alice Miller in ihrem 1980 erschienenen Werk »Am Anfang war Erziehung« unter der Kapitelüberschrift »Schwarze Pädagogik« eindrucksvoll beschrieben. Zu den von ihr analysierten Beispielen gehören Adolf Hitler und Heinrich Himmler. »Gehorsam« steht sozusagen in Großbuchstaben als die Generaltugend über alle dem.

In Dietrich Bonhoeffers demokratisch gesinntem, großbürgerlichem Elternhaus dürften solche Traditionen nicht virulent gewesen sein. Dennoch und bei allem Respekt vor seinem herausragenden, kompromisslosen Einsatz gegen den Naziterror: Das Begriffspaar Befehl und Gehorsam, bezogen auf Jesus, sein Reden, Handeln und Heilen, kann dessen Bild eher nur verfälschen als klären und konturieren. Nicht nur die bei Jesus zweifellos vorherrschende Gewaltfreiheit verträgt sich damit nicht, sondern auch seine Bilder und Gleichnisse und überhaupt die ganze Art seiner Kommunikation.

Die Erziehungsratgeber des 19. Jahrhunderts gipfeln zum Thema Gehorsam in der strikten Anweisung, Gebote und Forderungen an Gehorsamspflichtige prinzipiell niemals mit Begründungen zu versehen. In einem Ratgeber der Diakonie zur christlichen Heimerziehung ist dieser Grundsatz noch in der ersten Hälfte des 20. Jahrhunderts wiederzufinden. Gehorsam ist »pflichtschuldigst« zu leisten, gebührt dem Erzieher als solchem. Keiner Infragestellung darf das ausgesetzt werden, was aber geschieht, wenn etwas Gefordertes auch begründet wird. Argumente räumen ja die Möglichkeit von Gegenargumenten ein, und nichts mehr ist es dann mit dem Gehorsam. Denn überzeugt worden zu sein droht damit an die Stelle der Gehorsamsleistung zu treten. Und das darf nicht sein; unter anderem deshalb nicht, weil mit dem blinden, bedingungslosen Gehorsam eingeübt wird, was man lebenslang Gott und der Kirche schuldet.

Man vergleiche damit die argumentative, auf Einsicht setzende Art, mit der Jesus seinen Zuhörern nicht autoritär, sondern um sie werbend begegnet. Wenn er etwa seine Aufforderung, sich nicht der Sorge hinzugeben, unter anderem mit der rhetorischen Frage begründet: »Wer unter euch könnte sein Leben um eine einzige Elle verlängern, wenn er sich nur genug darum sorgt?« (Mt. 6, 27). Oder man nehme die »Goldene Regel«, die trotz Gebrauchs des sprachlichen Imperativs kein Befehl, sondern ein tiefgreifender Appell an die Lebensweisheit ist: »Alles, was ihr wollt, dass es euch andere tun sollen, das tut ihnen auch! Das ist das Gesetz und die Propheten« (Mt. 7, 12). Von derselben Art ist es, wenn es heißt: »Richtet nicht, damit ihr nicht gerichtet werdet. Denn mit dem Maß, das ihr anlegt, wird man auch euch messen« (Mt. 7, 1 f.). Und die Bilder, Gleichnisse und Beispielgeschichten, deren sich Jesus vielfach bedient, haben ja den Sinn, ihre Botschaften auf eine indirekte Weise zu vermitteln. Sie trichtern nichts ein, sondern fordern den Hörer, indem sie ihn nicht direkt angehen, zu eigenständiger Aneignung dessen heraus, was gesagt sein soll. Sie sind aus sich selbst heraus glaubhaft, einsehbar, überzeugend, einfach zu glauben.

Es genügt schon, sich vor Augen zu halten, dass es der Bereich des Militärischen ist, in dem das Schema von Befehl und Gehorsam bis heute die hauptsächliche, offenbar unverzichtbare Kommunikationsstruktur darstellt, um zu erkennen, dass diese Begriffswelt nicht dazu taugt, das Auftreten des nazarenischen Verkünders des Gottesreiches vor 2000 Jahren zutreffend wiederzugeben. Nicht auf autoritäre, begründungslos vorgetragene Weisungen muss sich einlassen, wer es mit Jesus zu tun haben will. Nachfolge heißt hier nicht Folgen um der Befolgung der Befehle eines Machtträgers willen, sondern Erfasst-Werden von selbstevidenter Wahrheit.

Dies gilt auch für die eingangs schon zitierte und so brüsk erscheinende Antwort, die Jesus einem Menschen gibt, der sich ihm von sich aus anschließen möchte, aber noch um Aufschub bittet, damit er zuvor noch seinen Vater beerdigen kann: »Folge du mir und lass die Toten ihre Toten begraben!« Außerordentlich schroff und kurz angebunden wirkt dieses Wort. Und doch bringt es nicht ungeduldiges Drängeln einer herrischen Persönlichkeit zum Ausdruck, sondern rechtfertigt sich von der Sache her, von seinem Inhalt, auf den genau hinzusehen ist. Symbolisch für den Autoritätsanspruch aller überkommenen religiösen Tradition, die sich der Hinterfragbarkeit verweigert, steht hier die Pflicht zur Bestattung des Vaters. Mit der Bindung an diesen vorgeblich unauflösbaren Anspruch der Väter und mit dem allein rückwärtsgewandten Blick, den das bedeutet, damit kommt nicht überein, was Jesus als seine Gotteserkenntnis weiterzugeben hat: »Ihr habt gehört, dass zu den Alten gesagt ist: [...] Ich aber sage euch [...]« Gleich sechs Mal ist nach diesem Schema aufgebaut, was Matthäus im fünften Kapitel seines Evangeliums zu einem Hauptteil der »Bergpredigt« zusammengestellt hat.

Das mögliche Entsetzen darüber, dass Jesus so weit geht, sogar die Bestattung des eigenen Vaters für nachrangig, ja gleichgültig zu erklären, darf den Blick auf die inhaltliche Aussage nicht verstellen, die es wahrhaft in sich hat. »Lass die Toten ihre Toten begraben« – kein geheimnisvoller Vorgang in einer Totenwelt wie dem »Hades« der griechischen Mythologie wird hier angesprochen. Sondern es sind lebende, physisch lebendige Menschen, die in einem übertragenen Sinne als in Wahrheit tot bezeichnet werden, betrogen um das Leben durch die eisernen Klammern der Bindung an die zur puren Tradition erstarrte Väterreligion. Von einem Tod vor dem Tode, mitten im Leben, ist die Rede. Eine unheimliche, eine schreckliche Vorstellung ist das, lässt man sie wirklich an sich heran.

Indem Jesus nun aber entschieden davon weg und zu sich hin ruft, eröffnet das harte Wort auch eine große, positive Perspektive: Es gibt ein Leben vor dem Tode, ein echtes, richtiges, wahres Leben, das mehr und etwas anderes noch ist als unsere bloße physische Existenz; mehr als unsere bloße Anwesenheit auf dieser Erde; mehr als nur ein recht und schlecht »Über-die-Runden-Kommen«, wie es eine Redensart sagt, die eigentlich dem Boxsport entstammt und die Situation meint, dass einer dem vorzeitigen Ende gerade noch entgangen ist.

Das zur Nachfolge gehörige wichtigste Bild ist das des Weges. Denn es geht um eine starke, verheißungsträchtige Bewegung nach vorn, die nicht zustande kommen kann, wenn nur die Füße nach vorn gerichtet sind, der Blick aber nach hinten. Der Evangelist Lukas verdeutlicht das, indem er das Wort von den Toten, die man den Toten überlassen soll, mit einem anderen Jesuswort kombiniert: »Wer die Hand an den Pflug legt und sieht zurück, der ist nicht geeignet für das Reich Gottes« (Lk. 9, 62). Nachfolgen heißt sich einlassen auf eine neue Wegweisung, auf neue Orientierung, die nicht zu haben ist, ohne den Mut zum Verlassen von alten, vorgezeichneten Wegen. So wie der barmherzige Samariter freimütig seinen Weg verlässt hin zu dem, der unter die Räuber gefallen ist, während Priester und Levit an ihrem Weg festhalten (Lk. 10, 25 ff.).

Das Vorbild, das Jesus selbst mit seinem Weg des Heraustretens aus alten Bindungen gibt, ist im Markusevangelium eindrucksvoll beschrieben. Anschließend an die Darstellung verschiedener Vorgänge beim ersten öffentlichen Auftreten Jesu heißt es dort: »Und er ging in ein Haus, und es kamen erneut viele Menschen zusammen, sodass sie nicht einmal essen konnten. Als die Seinen das hörten, machten sie sich auf und wollten ihn zurückzwingen; denn sie sprachen: Er ist von Sinnen« (Mk. 3, 20 f.). Das Vorhaben gelingt aber offenbar nicht. Denn ein Stück weiter im selben Kapitel heißt es erneut: »Und es kamen seine Mutter und seine Brüder und standen draußen, schickten zu ihm und ließen ihn rufen.« Aber Jesus reagiert darauf nicht im gewünschten Sinne, sondern erklärt seine Beziehung zu Mutter und Geschwistern, sofern sie sich auf die bloße familiäre Zugehörigkeit gründen soll, für bedeutungslos. »Er sah ringsum«, heißt es, »auf die, die im Kreise um ihn herum saßen, und sprach: Diese sind meine Mutter und meine Brüder. Denn wer Gottes Willen tut (Lk.: »wer Gottes Wort hört und tut«), der ist mein Bruder und meine Schwester und meine Mutter« (Mk. 3, 34 f.).

Dass es auch Familienbande auflösen kann, wenn man sich der frühen christlichen Gemeinde anschließt, das scheint hier ein Vorbild zu finden. Ausgesprochen peinlich ist Jesus ja offensichtlich seinen Angehörigen. Was natürlich ein Ausdruck von Furcht ist; von der Furcht, dass »etwas zurückfallen« könnte auf die sonst so normale, ehrbare Familie, der man eigentlich »nichts nachsagen« kann, die aber nun einen solchen Außenseiter hervorgebracht hat. Familie als Ort und Hort geltender traditioneller Normen hat hier wohl versagt. Mit der Erklärung, er sei »von Sinnen«, ein bisschen verrückt halt, aber im Grunde harmlos, wie es manchmal vorkommt – in ungefähr dieser Art versucht man sich nun für das schwarze Schaf zu rechtfertigen. So auch seine und seiner Geschwister Mutter, von der in dieser sehr alten Überlieferung ein ganz anderes Bild gezeichnet wird als das der »Gottesmutter« Maria, das die spätere fromme Fantasie hervorbringen wird.

Für im Grunde harmlos aber halten ihn wichtige Leute, die die religiösen Normen repräsentieren, keineswegs. Sondern früh schon für gefährlich, weil er aktiv Hunger stillen und Kranke heilen auch am Sabbat nicht nur für erlaubt, sondern sogar für geboten hält. Denn diese wichtigen Leute sind ja unter anderem der Überzeugung, dass das Reich Gottes kommen werde, wenn in Israel endlich einmal das Sabbatgebot von allen vollständig eingehalten würde, sei es nur einen Sabbat lang. Und nun kommt dieser, bricht die für gültig erklärte Auslegung des Gebots und behauptet auch noch, so sei es im Sinne Gottes, dessen Reich mit ihm selbst bereits anbreche. Wer so daherkommt, darf wenigstens keine Anhänger finden. Es gibt sie aber, und es sind nicht wenige, die finden, dass er ihnen Augen und Ohren öffnet wie noch keiner zuvor. Von großer Furcht werden die einen durch das, was er sagt und tut, befallen, die anderen dagegen gerade davon befreit.

Was das bedeutet, hat Heinz Zahrnt in seinem Buch über Jesus von 1987 zusammenfassend und sehr treffend beschrieben:

»Wer auf Gottes reinen, ursprünglichen Willen zurückgreift [...] und so geheiligte Traditionen entwertet, wer den Geist der Liebe über den Buchstaben des Gesetzes stellt [...], wer das Sabbatgebot wissentlich bricht und so die Erlösung Israels verzögert; wer die rituellen Reinheitsgebote übertritt und so die Trennung zwischen sakraler und profaner Sphäre aufhebt; wer [...] das Priestertum und den Opferdienst geringschätzt und so den Tempel mißachtet; wer mit den religiös und sozial Deklassierten verkehrt und so den Armen einen Vorzug vor den Reichen gibt; wer die Schriftgelehrten und Pharisäer der Heuchelei bezichtigt [...]; wer Zöllner, Samariter und Heiden als Vorbilder des Glaubens und der Liebe rühmt und so die Einzigartigkeit des erwählten Volkes in Frage stellt; wer die Frauen als Partnerinnen ernst nimmt und so die Alleinherrschaft der Männer angreift; [...] – kurzum: wer das herrschende System der Gesetzesfrömmigkeit so angreift, der ist in eins ein Todfeind der Religion und der Gesellschaft. Das ist mehr als nur die übliche Kritik eines Charismatikers [...] – es ist Gotteslästerung und Aufruhr.«

Wie das geendet hat, ist bekannt. Es war aber auch mit tödlicher Gewalt nicht aus der Welt zu schaffen und ist virulent geblieben bis heute. Allerdings bis fast zur Unkenntlichkeit domestiziert durch kirchliche Lehren metaphysischer Art über ihn als den »Christus« und Gottmenschen zwecks Begründung von neuer institutioneller Macht von neuen Religionsverwaltern. So hat etwa die Lehre, dass sein Tod ein den Zorn Gottes über die Sünden der Menschen stillendes Sühnopfer sei, weitgehend beiseite gedrängt, was aus Nazareth Gutes kam und noch immer kommt. Traditioneller Opfertheologie, in die er eingeordnet wurde, fällt er selbst immer wieder zum Opfer.

Darauf letztlich hat Dietrich Bonhoeffer mit seiner Klage über die »billige Gnade« aufmerksam gemacht, deren Erwerb dem geopferten Gottessohn zugeschrieben wird. Bonhoeffers Weg ist ein Beispiel dafür, dass einfach nachfolgen in einfachem vertrauenden Glauben allerdings unter bestimmten Voraussetzungen auch mit dem Risiko des Vorbilds verbunden sein kann, dem es folgt. Dessen Reden und Handeln unter den Oberbegriff Gehorsam zu fassen war Bonhoeffers biographisch-zeitbedingter Fehlgriff. Mit der Begriffsbildung »billige Gnade« aber hat er für Theologie und Kirche ein wichtiges Mahnmal hinterlassen, das man auch als Widerspiegelung eines Jesusworts betrachten kann: »Was nennt ihr mich aber ›Herr, Herr‹ und tut nicht, was ich euch sage?« (Lk. 6, 46).

»Verkaufe, was du hast, und gib's den Armen!«

Wenn es etwas gibt, das ich noch nicht habe, aber doch gern hätte, mir vielleicht schon lange wünsche, aber mir nicht leisten kann oder mag – wenn das so ist und mir dann jemand meinen Wunsch geschenkweise erfüllt, dann bereitet mir das natürlich Freude, manchmal große Freude. An einem Geburtstag kann das sogar mehrfach vorkommen und dazu beitragen, dass er ein ganz besonders schöner Tag wird. Nicht nur etwas von materiellem Wert bekomme ich ja dann, sondern zugleich auch eine Vergewisserung darüber, dass ich Aufmerksamkeit und Wertschätzung als Mensch bei anderen genieße.

Und dennoch: von einer anderen Qualität – und in bestimmter Hinsicht einer höheren – ist ein Geldgeschenk, ganz besonders, wenn es auch ein großzügiges ist. Denn anders als ein Sachgeschenk erfüllt es mir nicht einen einzigen, ganz bestimmten Wunsch, sondern es eröffnet mir die Möglichkeit, mir einen oder auch mehrere Wünsche zu erfüllen aus der großen Palette von alle dem, was man mit einer bestimmten Geldsumme erwerben kann. Und das in freier Selbstbestimmung, in höchst persönlicher Auswahl. Da wird sie dann im kleinen, individuellen Rahmen zur freudigen, mitunter lustvollen Erfahrung, die Wahrheit der Redensart »Geld ist Macht«. Und man glaubt es ein wenig zu ahnen, was es bedeuten könnte, einmal viel Geld und damit viel Macht zu haben: eine besondere Unabhängigkeit, Sicherheit, Freiheit; über Menschen und Dinge verfügen können; etwas bewegen können, was man mit Geld nur bewegen kann; mit Menschen in Kontakt kommen, die etwas gelten, zu denen zu gehören aber normalerweise mit finanziellen Voraussetzungen verbunden ist, die nur einer Minderheit vorbehalten sind.

Armut und Reichtum, Geld und Geltung – verwandte Worte! –, Vermögen und Macht – sinngleiche Worte! –, das alles scheint per se auch ein religiöses Thema zu sein. Wie es der Volksmund in drastischer Weise mindestens andeutet, wenn ein auf den kapitalistischen Mechanismus der Geldvermehrung durch Geldanlage gemünztes Sprichwort lautet: »Der Teufel scheißt immer auf den dicksten Haufen.« Und wenn von diesem Haufen möglichst viel vor der staatlichen Finanzbehörde und ihren Ansprüchen in Sicherheit gebracht werden soll, dann werden kleine, feine Länder ins Auge gefasst, die – wiederum nicht ohne religiösen Anklang – als »Steuerparadiese« gelten. Wo man von viel Geld, das man erworben hat, möglichst wenig abgeben muss, da ist das Paradies.

Bei Martin Luther, aus dessen Sprachschatz das Wort vom scheißenden Teufel auch stammen könnte, wird das Thema seriös und bemerkenswert modern abgehandelt in seinem »Großen Katechismus« von 1529. Und zwar gleich in der Erklärung des Ersten Gebotes. Er lässt sie beginnen mit der Frage, was es denn eigentlich heiße, einen Gott zu haben, und antwortet darauf: »Woran du dein Herz hängst und worauf du dich verlässest, das ist eigentlich dein Gott.« Was das genau heißen kann, will Luther dann »aus alltäglichen Beispielen« verdeutlichen, woraufhin er als Erstes ausführt:

»Es ist mancher, der meint, er habe Gott und alles zur Genüge, wenn er nur Geld und Gut hat; er verlässt sich darauf und brüstet sich damit. […] Sieh, ein solcher hat auch einen Gott: der heißt Mammon. […] Das ist ja auch der allergewöhnlichste Abgott auf Erden. Wer Geld und Gut hat, der weiß sich in Sicherheit und ist fröhlich und unerschrocken, als sitze er mitten im Paradies, und umgekehrt, wer keins hat, der zweifelt und verzagt, als wisse er von keinem Gott. Man wird ja ganz wenig Leute finden, die guten Muts sind und weder trauern noch klagen, wenn sie den Mammon nicht haben; das klebt und hängt der menschlichen Natur an bis ins Grab.«

Einen deutlichen Nachhall scheint in diesen Ausführungen zu haben, was im Markusevangelium unter der Überschrift »Von Reichtum und

Nachfolge« über ein Gespräch mit Jesus berichtet wird, an dem einem Mann offenbar sehr gelegen ist, der sehr reich ist. Der sei Jesus nachgelaufen, heißt es in Markus 10, 17 ff., und habe sich vor ihn hingekniet mit der Frage:»Guter Meister, was muss ich tun, um das ewige Leben zu ererben?« Was Jesus nach Markus antwortet, lässt man am besten erst einmal im Ganzen und im Original auf sich wirken: denn das hat es wahrhaft in sich:

»Jesus sprach zu ihm:Was nennst du mich gut? Niemand ist gut als der eine Gott. Du kennst doch die Gebote: ›Du sollst nicht töten, du sollst nicht […]‹. Er aber sprach: Meister, das habe ich alles gehalten von meiner Jugend auf. Jesus sah ihn liebevoll an und sagte: Eins fehlt dir. Geh hin und verkaufe alles, was du hast, und gib's den Armen, und du wirst einen Schatz im Himmel haben, und komm und folge mir nach! Er aber wurde betrübt darüber und ging traurig davon; denn er hatte viele Güter. Und Jesus sah in die Runde und sagte:Wie schwer haben es die Reichen, ins Reich Gottes zu kommen. Die Jünger aber waren entsetzt über diese Worte.Aber Jesus entgegnete ihnen: […] Eher geht ein Kamel durch ein Nadelöhr, als dass ein Reicher ins Reich Gottes gelangt. Sie aber sprachen mit noch mehr Entsetzen zueinander: Wer kann dann gerettet werden? Jesus aber sah sie an und sprach: Bei den Menschen ist's unmöglich, nicht aber bei Gott. Denn bei Gott sind alle Dinge möglich.«

Dieses Letzte sei als Erstes festgehalten:Von der menschlichen Unermesslichkeit Gottes und der Größe seiner Barmherzigkeit ist Jesus durch nichts und niemanden abzubringen.

Aber gleichwohl: Es gibt Textabschnitte in der Jesusüberlieferung, die etwas ausgesprochen Unangenehmes haben; Texte, die geeignet sind, innere Widerstände gegen sich zu mobilisieren, und das gerade dann, wenn Hilfreiches für das eigene Leben zu finden das Motiv der Bibellektüre ist. Einer dieser Texte ist dieser mit seiner krassen, besonders einprägsamen Bildsprache von dem Kamel und dem Nadelöhr. Man kann es sich natürlich auf eine bestimmte Weise leicht machen mit diesem Text, indem man findet, dass er einen selbst nicht betrifft, weil man mit seinem gut durchschnittlichen Einkommen und vielleicht Besitz eines Einfamilienhauses ja zu den Reichen doch wohl nicht gehört.

Und selbst wenn man eine Million an Vermögen ererbt und/oder erworben hat, kann man als wirklich reich doch immer noch viele andere ansehen statt sich selbst. Wenn man der Presse zum Beispiel entnehmen kann, was die erfassbaren Daten über die 500 reichsten Personen in Deutschland ausweisen. Dass nämlich den letzten Platz in der statistischen Reihenfolge dieser 500 jemand belegt, der über 150 Millionen Euro verfügt. Da wundert es nicht, wenn die Schiffbaubranche in Deutschland – Finanzkrisen hin und her – über einen Nachfragetrend nach Luxusjachten im Jahre 2011 berichtet. Da sind sie dann doch wohl wirklich zu finden, die nicht nur Wohlhabenden, sondern wirklich Reichen.

Und man kann sich darüber hinaus in seiner zurückhaltenden Selbsteinordnung bestätigt sehen, wenn man von der historischen Forschung – einmal Interesse daran unterstellt – erfahren kann, dass die Reichen, von denen bei Jesus die Rede ist, eine sehr kleine Schicht von mächtigen Großgrundbesitzern waren. Ihr Anteil an der damaligen Gesamtbevölkerung wird auf eine Größenordnung von einem bis fünf Prozent geschätzt. Eine Mittelschicht im heutigen Sinne gab es nicht. Alle andern waren im Römischen Reich Unterschicht, mehr oder weniger arm. Was bedeutete, dass sie als Kleinbauern oder abgabenpflichtige Pächter, als Handwerker, Sklaven oder Tagelöhner einem täglich neuen Kampf ums bloße Überleben ausgesetzt waren. Da werden harte Wort gegenüber den Reichen nachvollziehbar.

Wer allerdings weiß, dass zum Christsein auch unbesorgte Ehrlichkeit gegen sich selbst gehört, der wird der Tatsache ins Auge sehen, dass man als Angehöriger der sehr breiten Mittelschicht unsrer Gesellschaft von heute nicht nur im Vergleich mit den Armen im Römischen Reich vor 2000 Jahren zu den Reichen gehört, sondern auch im

Verhältnis zu den 1,4 Milliarden heute auf dieser Erde lebenden Menschen, denen für ihren Lebensunterhalt pro Tag weniger als ein Euro zur Verfügung steht. Und wie es denen geht, die nicht einmal das haben, weil sie etwa in Ostafrika von Dürrekatastrophen betroffen sind, das kann man in einem Land mit freien Medien wissen, sofern man es wissen will. Und man kann dann vom Beispiel einer Mutter erfahren, die sich halb verhungert mit ihren sechs Kindern auf den Weg ins nächste noch erreichbare Flüchtlingslager macht und mit dreien ihrer Kinder dort auch ankommt. Und dass es dort vorkommen kann, dass jemand, in der Schlange zur Essensausgabe stehend, tot zusammenbricht, erfährt man dann auch, wenn man es aushält, wenigstens die Information an sich herankommen zu lassen. Und es muss wohl nicht extra gesagt werden, dass einfach glauben und einfach geben immer wieder ein Zwillingspaar sind.

Es müsste das alles, was so zum Himmel schreit, aber schon »rein rechnerisch« nicht geben – und bei einem angemessen leidenschaftlichen Einsatz vorhandener und entbehrlicher Mittel auch tatsächlich nicht. Neben 4500 toten und 30 000 verletzten Soldaten hat der Angriffskrieg der USA gegen den Irak – laut George W. Bush ein Kreuzzug – 800 Milliarden Dollar verschlungen. Man stelle sich vor, wie die Welt aussehen könnte, wenn mit Mitteln in dieser Größenordnung gegen die weltweite Armut vorgegangen würde.

Woran scheitert das? Was ist es eigentlich, das uns unsere Wohlhabenheit, wenn es drauf ankommt, lieber kleinreden lässt? Was ist es, das uns das objektiv Entbehrliche subjektiv als so gänzlich unentbehrlich erscheinen lässt? Worin beruht sie, die unaufhebbar scheinende Bindemacht des Materiellen, die den Konflikt zwischen der Möglichkeit des Teilens und der Chance der Mehrung so leicht zugunsten der Letzteren ausgehen lässt?

In der Jesusüberlieferung, die uns hier beschäftigt, darf zur Beantwortung dieser Frage, was es denn ist, was da mit Macht so wirksam ist, eines nicht übersehen werden: Ein Mangel an Willen zur Moral ist es nicht, so viel ist gewiss. Vielmehr ist es diesem Reichen ja mit den Zehn

Geboten als moralischer Grundorientierung immer sehr ernst gewesen. Was er offenbar glaubwürdig vorbringen kann, wenn es heißt, Jesus habe ihn daraufhin liebevoll angesehen. Was aber ist es dann, was ihn so zurückscheuen lässt, als Jesus ihn mit der Möglichkeit konfrontiert, zugunsten der Armen von seinem Reichtum zu lassen?

Da mag nicht nur eine ganz bestimmte Antwort infrage kommen. Die Grundrichtung aber, in der nach Antwort zu suchen ist, dürfte Eugen Drewermann in seinem umfangreichen und ungewöhnlichen Kommentar zum Matthäusevangelium formuliert haben:

»Warum es so schwer, ja ganz unmöglich ist, den äußeren Besitz fahren zu lassen, wird man wohl erst verstehen, wenn man die psychische Bedeutung von Geld und Eigentum als Kompensationsmittel für das Gefühl der eigenen Hohlheit und Nichtigkeit begreift. Jeder Mangel an eignem Leben, an wirklichem Sein, kann einen so unersättlichen Sog des Habens und Besitzen-Müssens auslösen, und es wird wohl kaum etwas Schwierigeres geben, als hinter der Fassade des Reichtums die wirkliche seelische Armut zu erkennen.«

Erich Fromms Unterscheidung zweier möglicher, aber zumeist wohl miteinander vermischter Existenzweisen kommt in diesen Sätzen mit zum Tragen: einer in einem possessiven »Habenmodus« und einer in einem freien, eigenständigen »Seinsmodus«. Zugleich erinnern sie auch an Wolfgang Schmidbauers Definition von Sucht, die lautet: Der Süchtige ist ein Mensch, dem etwas fehlt, er weiß aber nicht, was es ist. Indem er süchtig wird, weiß er, was ihm fehlt: das nächste Glas, die nächste Zigarette, der nächste »Schuss«, der nächste Lottoschein, der nächste Geschäftsabschluss ... Und nichts davon gibt es ohne Geld, wo immer es dann herkommen mag.

Welche Kräfte da in der Gegenwart am Werke sind, die auf den ersten Blick sogar als eher harmlos erscheinen mögen, wurde ganz am Anfang dieses Kapitels schon erkennbar am Beispiel der Benutzung des Motivs der Nachfolge Jesu für den Verkauf von Israelreisen. Ein augenzwinkernder Gag nur? Oder eine typische Unverfrorenheit in einer von Konsumwerbung überzogenen Welt, in der schlechterdings alles, was für Menschen wichtig sein kann, als käuflich dasteht, womit Geldhaben zur bewusstseinsprägenden Bedingung von Menschsein überhaupt wird. Was sich allenfalls durch einen Begriff wie »käufliche Liebe« noch selbst zu entlarven vermag, weil denn doch jeder weiß, dass es da zwar so mancherlei zu kaufen gibt, aber das, was dieses Etikett verspricht, ganz gewiss nicht. Ob wenigstens diese Durchschaubarkeit der Macht des Geldes zu schaden vermag, bleibt gleichwohl die Frage.

Prominente, die gelegentlich in Fernsehinterviews zu erleben sind, weil sie große Vermögen in soziale Stiftungen oder Projekte eingebracht haben oder solche aktiv betreiben, wirken dagegen in der Tat häufig als sehr unabhängige, eigenständige Menschen, innerlich frei und ausgefüllt vom menschlichen Ertrag ihres Handelns bei anderen und sich selbst. Und selbstverständlich ist dies keine Frage der Größenordnung, in der man über materielle Möglichkeiten verfügt und von ihnen Gebrauch macht.

Und was ist mit den Kirchen? Kann ihre wichtigste Aufgabe etwas anderes sein, als die innere Freiheit und den inneren Reichtum zu vermitteln, die erforderlich sind, damit Verzicht als Gewinn und als ein Akt der inneren Unabhängigkeit gesehen und erfahren werden kann? Im Einzelfall oder auch vielen Einzelfällen ereignet sich das auch, Gott sei Dank. Die Jesusüberlieferung schafft sich immer wieder ihre eigene Wirksamkeit und Traditionsbildung.

Das Bild aber, das die Institution Kirche als solche abgibt, ist ein anderes. Zu sehr ist sie, spätestens seit sie unter Kaiser Konstantin Staatsreligion wurde, vorrangig von Machtinteressen bestimmt. Die Beziehung zwischen Macht und Geld aber ist eine zu intime, als dass Kirche von dieser Intimität frei sein könnte. Demonstrationen kirchlicher Macht und Größe etwa, wie sie sich mithilfe der modernen Medien besonders eindrucksvoll inszenieren lassen, haben entsprechend hohe Kosten, die aufzubringen sind. Geldzuwendungen an die

89

Kirche zu leisten wird deshalb Frömmigkeitscharakter bescheinigt. In welchem Maße damit auch große Einflussnahme verbunden sein kann, wie sie sich mit der hohen Finanzkraft der sogenannten »Bewegungen« innerhalb der Kirche (»Opus Dei«, »Legionäre Christi« und anderen mehr) verbindet, kann man bei Hanspeter Oschwald (»Auf der Flucht vor dem Kaplan«, 2011) und anderen langjährigen Intimkennern des vatikanischen Systems nachlesen.

Wie der Geldbedarf der Macht auch vor den Armen der Erde nicht haltmacht, hat Majella Lenzen in der Beschreibung ihres aufopferungsvollen Lebens als Nonne in der afrikanischen Mission dargestellt (»Das möge Gott verhüten«, 2009): Zur Finanzierung des Besuchs Papst Johannes Pauls II. in Tansania aus Anlass des 100-jährigen Bestehens der dortigen Diözese im Jahr 1990 hatte jedes katholische Familienoberhaupt pro Person seines Haushalts 1000 tansanische Schilling beizutragen und darüber hinaus Papst-T-Shirts und Fahnen zu Demonstrationszwecken zu erwerben. Für die große Mehrzahl der Familienernährer bedeutete das, dass sie einen kompletten Monatslohn aufzubringen hatten. »Wer nicht zahlte und kein T-Shirt kaufte, war gebrandmarkt.« So handelt eine Kirche, deren Geschäftsgrundlage offenbar nicht nur in »geistlicher« Hinsicht die von ihr selbst ausgesäte Furcht vor der ewigen Verdammnis ist. Und dafür ist es natürlich überaus nützlich, dass das Lehramt der Kirche über dieselbe nichts Geringeres zu lehren weiß, als dass in ihr die Menschwerdung Gottes in Jesus Christus zu ihrem eigentlichen Ziel gelangt, zur Vollendung gekommen sei. So macht man sich selbst zum Glaubensinhalt und stattet sich mit einer Aura der Heiligkeit aus. Dass von diesem Jesus Christus erzählt wird, er sei einfach auf einem Esel in Jerusalem eingezogen, scheint dem kirchlichen Gedächtnis allerdings entfallen zu sein.

Konsequentes und damit auch deutliches politisches Eintreten für die Armen gegenüber den staatlichen Instanzen ist von Kirchen nicht zu erwarten, denen zusätzlich zur nicht geringen Kirchensteuer jährlich für diverse Zwecke noch Mittel aus dem staatlichen Steueraufkommen in Milliardenhöhe zufließen, für die folglich alle in Deutschland lebenden Menschen aufkommen, auch alle, die keiner Kirche als Mitglied angehören, somit etwa die 3,5 Millionen hier lebenden Muslime und knapp 200 000 Buddhisten. Da niemand ohne materiellen Lebensaufwand existieren kann, wie immer er diesen bestreitet, ist jeder am allgemeinen Steueraufkommen beteiligt.

Dass Sorge um diese privilegierte Situation fragwürdige Anpassungen zeitigt, ist selbstverständlich eine Feststellung, von der auch der Protestantismus nicht auszunehmen ist. In den 1970er- und 1980er-Jahren gab es noch ein ausgeprägtes, mitunter auch leidenschaftliches Engagement für Entwicklungspolitik, Abrüstung und Überwindung von Rassismus und Fremdenfeindlichkeit. Inzwischen aber hat der Rückgang der früher besonders üppigen Kirchensteuereinnahmen seit Beginn der 1990er-Jahre – rund vier Millionen Austritte sind zu verzeichnen – im Verbund mit dem Wissen um die erhebliche Bedeutung der zur Einkommensteuer Veranlagten für das Gesamtaufkommen eine ausgeprägte Neigung zur Pflege von politischer Unanstößigkeit und Harmlosigkeit hervorgebracht.

Ein Beispiel: In der Denkschrift über »Wirtschaftliches Handeln in Verantwortung für die Zukunft« der Evangelischen Kirche in Deutschland (EKD) mit dem Titel »Gemeinwohl und Eigennutz« hieß es noch 1991: »Im Christentum ist ein Bild vom Menschen lebendig, das die wirtschaftlich Starken und Selbständigen aufruft, sich den Schwachen, Hilfsbedürftigen und Armen zuzuwenden, die der Verantwortung und Rücksicht anderer bedürfen.«

Zwanzig Jahre später gibt es in »chrismon«, der kirchlichen PR-Beilage zu einigen großen Tages- und Wochenzeitungen, ein Interview mit Michael J. Inacker, dem Bereichsleiter für die Unternehmenskommunikation des im DAX notierten sogenannten »Handelsriesen« Metro AG. Denn im Ehrenamt ist Inacker Vorsitzender einer Stiftung, die einigermaßen hochtrabend »Internationale Luther-Stiftung« heißt. Ein Frankfurter Unternehmer hat sie mit einem Stiftungskapital von einer Million Euro ins Leben gerufen, weil er die Marktwirtschaft, der die Stiftung dienen soll, im Geist des Protestantismus verwurzelt sieht. Auf die Frage, was für ihn das Soziale an der Marktwirtschaft sei, antwortet Inacker nun in »chrismon« 11/2011: »Dass sie ein Aufstiegsversprechen gibt.« So die erschöpfende Auskunft. Dass die »chrismon«-Redaktion diesen Satz ohne weitere Nachfrage und ohne jeden Kommentar wiedergibt und das Interview auch noch mit der Überschrift versieht: »Die Marktwirtschaft hat protestantische Wurzeln«, ist ein Vorgang, den man als charakteristisch bezeichnen kann für die Verfassung, in der sich der deutsche Protestantismus der Gegenwart befindet. Man muss sich, ist man finanzstark, nur kirchlich genug geben, um auch mit seiner Denkweise willkommen zu sein.

5. Einfach glauben – einfach handeln

Der selbstverständliche Nächste

Das Problem eines handlungsschwachen Glaubens, das Bonhoeffer mit seiner Begriffsschöpfung »billige Gnade« so scharf markiert hat, wird dem Luthertum gegenüber immer wieder einmal thematisiert. Von noch einem anderen Aspekt her hat es auch der Soziologe Johan Galtung, langjähriger Leiter des berühmten Osloer Instituts für Friedensforschung, angesprochen. Die protestantische Hochschätzung des Wortes, so hat er 2010 in einem Rundfunkinterview ausgeführt, habe eine Neigung hervorgebracht, Herausforderungen zum Handeln – auch politisch-gesellschaftliche – als quasi schon bestanden zu betrachten, wenn man sie nur verbal zutreffend beschrieben hat. Dass das eine christlich defizitäre Haltung ist, wenn sie im konkreten Falle tatsächlich bestehen sollte, ist klar. Der Blick ins Neue Testament lehrt es unabweisbar.

Was christliches Handeln ist, kommt bei Paulus, dem bedeutendsten Missionar in der Geschichte des Christentums, regelmäßig zur Sprache in den hinteren Abschnitten seiner Briefe, die verschiedene Gemeinden von ihm erhalten und für die Nachwelt aufbewahrt haben. Dabei zeigt sich, dass es eine relativ weitgehende Übereinstimmung zwischen den Orientierungen für das christliche Handeln gibt, die Paulus formuliert, und dem, was wir über Jesus in dieser Hinsicht wissen. Wie es ja auch oben zum Thema der Feindesliebe schon festzustellen war. Paulus war aber kein persönlicher »Jünger« Jesu, wenn auch noch sein Zeitgenosse. Damit dürfte es unter anderem zusammenhängen, dass sich bei ihm auch keine Zitate von Jesusworten oder sonstigen unmittelbaren Bezugnahmen auf das Wirken des Nazareners finden.

Paulus pflegt nicht wie Jesus das Bild eines gütigen, barmherzigen Gottes der unendlichen Vertrauenswürdigkeit. Vielmehr trifft man bei ihm auf das so ambivalente Bild des erst seit Karfreitag aufgrund des Opfertods seines Sohnes gnädigen, zuvor aber über die Sünden der Menschheit zornigen Gottes. Im Mittelpunkt seines Denkens steht diese Deutung von Karfreitag und Ostern, von Kreuzigungstod und Auferstehung Jesu als Überwindung der gnadenlosen Folgen des menschlichen Sündenfalls im damit verloren gegangenen Paradies. Paulus hat diese Überzeugung bereits vorgefunden und sie übernommen, als er vom Saulus, dem eifernden Christenverfolger, zum Paulus, dem Apostel und Missionar Europas, wurde.

Was sich daraus für ihn an Handlungsperspektiven ergibt, hat dennoch zu einem großen Teil eine bestimmte Nähe zu dem Jesus der Bergpredigt und den berühmten Beispielgeschichten und Gleichnissen des Nazareners, die in den ersten drei Evangelien festgehalten sind. Es ist von daher naheliegend, in diesen Übereinstimmungen die Grundorientierung schlechthin für christliches Handeln zu sehen, sofern es nicht zu eindeutig an Zeitbedingtes gebunden ist.

Eines der Beispiele dafür findet sich im Brief an die Galater, wo Paulus als Generallinie formuliert: »Lasst uns Gutes tun an jedermann, allermeist aber an des Glaubens Genossen!« (Galaterbrief 6, 10). Zum richtigen Verständnis dieses Satzes ist ein Blick auf die soziale Zusammensetzung der frühen christlichen Gemeinden nötig. In deren Versammlungen findet man nach den Worten des Apostels im 1. Korintherbrief »nicht viele Weise nach dem Fleisch, nicht viele Mächtige, nicht viele Angesehene« (1. Kor. 1, 26). Anders ausgedrückt: Es sind weit überwiegend Menschen ohne Ansehen, Bildung und Einfluss. Und das sind in der hellenistischen Welt dieser Zeit, in der die Philosophie der Stoa vorherrschend ist, alle diejenigen, die mit ihrer Hände Arbeit ihren Lebensunterhalt zu bestreiten haben. »Wir schätzen wohlriechende Salben und Purpurkleider, aber die Färber und Salbenbereiter betrachten wir als schmutzige Handwerker.« So kann man es im zweiten nachchristlichen Jahrhundert bei dem Philosophen Plutarch nachlesen als Beschreibung der Einstellung der Wohlhabenden und Gebildeten, für die er hier schreibt. Etwa fünf Prozent der Gesamtbevölkerung machen diese aus.

Aus der übrigen, enorm großen Zahl der »schmutzigen Handwerker«, Sklaven und Tagelöhner setzen sich auch mehrheitlich bis vollständig »des Glaubens Genossen« zusammen, die Gemeinden der ganz frühen Kirche. Wobei deren Situation aber nicht im Geringsten zu vergleichen ist mit der einer durch Tarifverträge und eine vielfältige Sozialgesetzgebung abgesicherten Arbeitnehmerschaft von heute.

Eher schon ist der heutige soziologische Begriff der »Working Poor« auf die große Mehrzahl der Menschen anwendbar, die in den frühen christlichen Gemeinden zusammenkamen. Sich am Rande des Hungers oder gar darunter zu befinden war für die Mehrheit der Menschen im Römischen Reich der Regelfall oder zumindest eine ständige Gefahr. Wobei unbedingt noch die erwähnte Einschränkung zu machen ist, dass es keine öffentlichen Sozialleistungen gab. Ein »Aufstocker« nach heutigen Begriffen konnte niemand werden, dem der Staat zu einem Lohn, der das »Existenzminimum« nicht deckte, noch etwas hinzugab, damit es einigermaßen reichte. Und was heute als »Existenzminimum« definiert ist, dürfte weit höher liegen als das, was man unter damaligen Bedingungen so hätte bezeichnen können.

Auch in Korinth war die Mehrzahl der Menschen eher arm, aber es hat für sie wohl, weil Korinth eine bedeutende Hafenstadt war, immerhin regelmäßig Arbeit gegeben. Im 2. Korintherbrief bezeichnet Paulus dagegen die ländlichen Gemeinden im abgelegenen Mazedonien sogar als »sehr arm« (2. Kor. 8, 2). Somit hatten diese Menschen durchaus nicht alle und immer ihr tägliches Auskommen, woraufhin aber unter den Christen das, was vorhanden war, in »brüderlicher Liebe« vorbildlich miteinander geteilt wurde. Dies war in der antiken Welt durchaus ungewöhnlich. Es zu erfassen setzt bei uns Heutigen voraus, die uns geläufigen Assoziationen zum Wort »Liebe« erst einmal zu vergessen, wie sie etwa in einem alten Schlagertext zum Ausdruck kommen, der von der Liebe als dem besonderen und mitunter so unwiderstehlichen Magnetismus zwischen den Geschlechtern handelt: »Die Liebe ist ein seltsames Spiel, sie kommt und geht von einem zum andern.« Gegenseitige, vorbehaltlose Unterstützung gegen die alltägliche materielle Not, das ist in der Regel gemeint, wenn bei Paulus und andernorts im Neuen Testament das Wort Liebe gebraucht wird. Im Unterschied zu dem emotional-erotischen Phänomen, das ebenfalls Liebe heißt, lässt sich diese christliche Nächstenliebe auch als eine Forderung nahelegen, die jedermann in einem bestimmten Maße zumutbar ist.

Paulus hat deshalb bei seinen Aufenthalten in den Gemeinden, die er gründete, auch »mit Mühe und Plage Tag und Nacht« in seinem erlernten Handwerkerberuf als Zeltmacher gearbeitet (2. Thessalonicherbrief 3, 8; 1. Kor. 4, 12), obwohl in der frühen Kirche der Grundsatz galt, dass er aufgrund der Ausübung seines Apostelamts hätte beanspruchen können, seinen Unterhalt von der Gemeinde zu bekommen. Im 1. Korintherbrief ist das nachzulesen (1. Kor. 9, 6). Der Verzicht auf diesen Anspruch war ihm angesichts der vorhandenen Armut und der praktizierten Solidarität aber selbstverständlich.

Diese Selbstverständlichkeit ist ein wesentliches Merkmal christlichen Handelns. Einfach handeln heißt selbstverständlich handeln, weil es einfach nötig ist zu handeln, weil etwas unübersehbar vor den Füßen und auf der Hand liegt. In solcher Einstellung kann kein Ausklammern infrage kommen, es sei denn infolge unaufhebbaren Mangels an Möglichkeiten. Auch wenn die soziale Situation der Menschen, die mehrheitlich die älteste Christenheit darstellen, so ist, dass es Grund genug gäbe, die brüderliche Liebe auf »des Glaubens Genossen« zu begrenzen, sprengt Paulus aber diesen Rahmen, indem er sagt: »Lasst uns Gutes tun an *jedermann*«. Die Einschränkung, die er anfügt: »allermeist aber an des Glaubens Genossen«, ist nur eine graduelle, ist lediglich dem Umstand geschuldet, dass es oft nur großen Mangel zu verteilen gab. Dies bewerkstelligte man mitunter sogar in der Weise, dass man eine bestimmte Zeit lang fastete, bis man wieder so viel für Essen und Trinken zusammen hatte, dass alle satt werden konnten. Fasten nicht als fromme, rühmlich vor Gott und den Menschen dastehende Leistung, sondern als Bestandteil ganz konkreter Nächstenliebe, in der allein es seinen Sinn findet.

Dieses Solidaritätsprinzip als Grundsatzperspektive schlichter christlicher Gemeindepraxis findet sich heute in verschiedenen Zusammenhängen in der staatlichen Rechtsordnung wieder. Etwa darin, dass es per gesetzlicher Regelung eine garantierte materielle Existenzsicherung für jeden gibt oder in bestimmten Zusammenhängen das Unterlassen von Hilfeleistung unter Strafe gestellt ist. Wie der große Kirchenhistoriker Adolf von Harnack nachweisen konnte, hat die so beeindruckende Solidarität, die unter den frühen Christen praktiziert wurde und die der antiken Welt fremd war, ganz erheblich dazu beigetragen, dass das Christentum aus seinen kleinen Anfängen als einer Splittergruppe des Judentums herauswachsen konnte zu einer großen, über das ganze römische Imperium verbreiteten Religion.

Wieder neue Bedeutung gewann diese christliche Tradition noch einmal in weit späterer Zeit. Gegenüber den sozialen Nöten nämlich, die durch Kapitalismus und Industrialisierung im 19. und 20. Jahrhundert hervorgebracht wurden. Im Genossenschaftswesen und insbesondere in dem bis in die Gegenwart gültigen Prinzip der Solidargemeinschaft als Strukturprinzip der gesetzlichen Sozialversicherungen gegen Alter, Krankheit und Arbeitslosigkeit hat diese christliche Tradition ganz erheblich dazu beigetragen, schweren sozialen Nöten mit sehr beachtlichem Erfolg zu begegnen. Indem es den Einzelnen weitgehend unabhängig vom Maß seiner erbrachten Vorleistung absichert, findet sich in diesem gesetzlich verankerten Solidarprinzip erneut die für Jesus wie für Paulus so charakteristische inklusive Denkweise wieder, wie sie auch im Kapitel über das positive Denken schon zu entdecken war. Schwer begreiflich ist es von daher, wenn große Teile der sich so hochgradig christlich verstehenden USA politisch sehr entschieden gegen eine gesetzliche Krankenversicherung nach dem Prinzip der Solidargemeinschaft aller ankämpfen.

Eine unverkennbar inklusive Struktur charakterisiert also beide christlichen Perspektiven: das Gebot der Feindesliebe bei Jesus und bei Paulus die Mahnung, nach Möglichkeit an *jedermann* Gutes zu tun, ob er nun Christ ist oder nicht. Einfach glauben als einfach handeln, das kann seiner Art gemäß, an der Güte Gottes als des Schöpfers aller ausgerichtet, niemanden ausklammern. Es ist auf den Mit*menschen* bezogen, nicht exklusiv auf den Mit*christen*. Und schon gar nicht können die Grenzen von Kirchen maßgeblich sein. Denn die christliche Geschwisterlichkeit gilt einfach der Not eines anderen, ist durch sie ausgelöst und nichts sonst, will nichts sonst und verfolgt keine darüber hinausgehenden Ziele. Wie der Blick auf die europäischen sozialen Sicherungssysteme der Gegenwart gezeigt hat, kann diese Denkweise sich auch als sozialstaatliche Struktur ausprägen. Und sie ist ebenso auch international realisierbar.

Das großartigste Beispiel dieser Denkweise ist bei Jesus der sprichwörtlich gewordene »barmherzige Samariter«, von dem er im Lukasevangelium erzählt (Lk. 10, 25-37). Da haben in dieser Beispielgeschichte Räuber an der Straße von Jericho nach Jerusalem einen, den sie überfallen haben, »halbtot« am Wege liegend zurückgelassen. Zunächst kommt nun ein Priester dort vorbei und geht achtlos seinen Weg weiter, dann folgt ein Levit, ein weiterer Mitarbeiter des Tempels, der sich ebenso verhält. Erst ein Durchreisender aus der Nachbarregion Samaria kümmert sich in beispielhafter Weise um den Überfallenen, bringt ihn in einer Herberge unter und übernimmt dafür die Kosten.

Ein Samaritaner ist einer, der für die rechtgläubigen Juden aufgrund der besonderen Geschichte Samarias ein Heidenmischling ist, den sie zutiefst als bucklige Verwandtschaft verachten. Insofern würden die Zuhörer Jesu sich mit einiger Wahrscheinlichkeit nicht wundern, wenn Jesus auch von diesem sagen würde, er sei achselzuckend vorübergegangen. Aber diesem Thema, wie die Juden und die Bewohner Samarias zueinander stehen, lässt er bei diesem Mann angesichts der Situation, auf die der hier stößt, keinerlei Bedeutung zukommen. Das hilfebedürftige Opfer der Räuberbande liegt ihm buchstäblich vor den Füßen, und er hat die Möglichkeit, ihm zu helfen. Das allein ist ausschlaggebend für sein Verhalten. Welche Bedeutung die Volkszugehörigkeit ansonsten auch haben mag, spielt einfach keine Rolle. Für den Samariter gibt es da keine Wahl. Es kommt einfach nur darauf an, für den Mitmenschen in Not zu handeln.

Einfach handeln. Nur damit kann dem Überfallenen gedient sein. In welche Schublade er in den Köpfen anderer – oder auch im eigenen – hineingehört, wird keine Sekunde lang zum Maßstab des Verhaltens. Mit wirklicher Barmherzigkeit verträgt sich dergleichen einfach nicht. Und nicht mit dem Wesen Gottes, das für Jesus unter anderem darin offenbar wird, dass der Mensch es widerspiegelt: »Seid barmherzig, wie euer Vater barmherzig ist« (Lk. 6, 36). So schlicht lässt sich das einfache Evangelium Jesu als Verheißung von Leben schlechthin zusammenfassen. Und so hat es seine Wahrheit und Faszination für viele bis heute, wenngleich die Erwartung eines endzeitlich hereinbrechenden Gottesreiches, wie Jesus sie geteilt zu haben scheint, die unsere schwerlich noch sein kann.

Die Maßstäbe des »Weltgerichts« und der Frieden

Einfach handeln aus einfachem Glauben lässt auch gründlich etablierte Vorurteile hinter sich. Es ist damit Ausdruck einer bestimmten Art von innerer Freiheit, wie sie der Dichter Erich Fried in seiner berühmten Gedichtzeile »Es ist, was es ist, sagt die Liebe« zum Ausdruck gebracht hat. Was als die »christliche Nächstenliebe« bezeichnet wird, ist immer inklusiv, nie exklusiv, oder sie beansprucht die Bezeichnung »christlich« nicht zu Recht. Das ist nicht nur nach der Redeweise des Jesus aus Nazareth so, die von der kirchlichen Theologie gern vernachlässigt wird, sondern – wie zu sehen war – ebenso nach der ethischen Regel des Paulus, des kirchlich so hoch geschätzten Apostels: »Lasst uns Gutes tun an *jedermann*.«

99

Ungenannt kommt dieser Samariter wieder vor in der großen Rede Jesu vom Weltgericht. Mit ihr bringt der Evangelist Matthäus im Ablauf seines Evangeliums die Darstellung des öffentlichen Predigens und Wirkens Jesu zum Abschluss (Mt. 25, 31-46). Mit dieser exponierten Stellung im Aufbau des Ablaufs der Ereignisse, die das Evangelium wiedergibt, verleiht Matthäus dieser Rede ein besonderes Gewicht. Und eine besondere und große Wirkung hat dieser Text in der Geschichte der Kirche auch entfaltet. Im Mittelalter geschah das in Gestalt der großen innerkirchlichen Protestbewegungen, die mit zum Teil brutaler Gewalt unterdrückt wurden: Katharer, Waldenser und andere christliche Gruppierungen, die sich gegen die Vernachlässigung der Armen und Kranken durch einen Klerus richteten, der sich weitgehend dem Wohlleben hingab. In der Neuzeit dagegen hat dieser Text mit seinem Katalog der »sechs Werke der Barmherzigkeit« der organisierten Diakonie und Caritas der Kirchen ihr biblisches Programm gegeben und hat damit eine der vorzeigbarsten Seiten der Kirchen mit hervorgebracht.

In der sogenannten »synoptischen« Evangelienüberlieferung der drei ersten Evangelien, die unübersehbar miteinander verwandt sind, ist diese relativ umfangreiche Rede Jesu singulär. Sie gehört zu dem Anteil an der Darstellung Jesu durch Matthäus, die man in der historischen Forschung als das »Sondergut« des Evangelisten bezeichnet; was heißt, dass sich diese Rede nur bei ihm findet. Dass sie so, wie man sie bei Matthäus nun nachlesen kann, von Jesus selbst vorgetragen wurde, wäre sicher eine irrige Annahme. Denn die Tatsache, dass dieser Text in seinem Aufbau sehr kunstvoll durchkomponiert ist, ein Stück Poesie geradezu, schließt natürlich aus, dass es sich in dieser Form um die spontane Rede eines Wanderpredigers handeln kann. Vielmehr hat sie in der vorliegenden Fassung schon literarischen Charakter angenommen. So redet niemand, aber so schreibt, wer das Talent dazu hat. Was damit aber durchaus nicht ausgeschlossen ist, das ist die große sachliche Übereinstimmung dieses Überlieferungsstücks mit anderer einschlägiger Wiedergabe von

Worten Jesu, deren Echtheit als historische Originalrede nicht infrage steht.

Die große Rede vom »Weltgericht« als einer der bekanntesten und eindrucksvollsten Texte des Neuen Testaments kann vielmehr als eine ausführliche Interpretation etlicher anderer, eher knapper Jesusworte gelten, wer auch immer die vorliegende Textfassung geschaffen hat. Diese Textfassung wird allerdings selten wirklich richtig gelesen, selten mit dem Blick und der angemessenen Aufmerksamkeit für die besonderen Akzente, die in dieser Rede gesetzt werden. Man muss sich wirklich vertiefen in diesen Text. Er lohnt es.

Was besagt diese Rede genau, was ist ihre Botschaft? Sie stellt eine Vision vor Augen vom Kommen des »Menschensohns in seiner Herrlichkeit«, vor dessen Thron – er heißt dann König – sich »alle Völker« versammeln, die dann von ihm geschieden werden, »wie ein Hirte die Schafe und die Böcke scheidet«. Die er dabei zu seiner Rechten stellt, ererben das Reich, das ihnen »bereitet ist von Anbeginn der Welt«, wofür die Begründung des Königs lautet: Er sei hungrig und durstig gewesen und sie hätten ihm zu essen und zu trinken gegeben; als Fremder sei er von ihnen aufgenommen worden, und als er nackt war, hätten sie ihn gekleidet; und als er krank und als er gefangen war, sei er von ihnen besucht worden. In dem, was sich an diese Aufzählung anschließt, findet sich dann die Kernaussage des ganzen Textes: Die so Beschriebenen, die der König zu seiner Rechten stellt, verstehen allerdings gar nicht, was da über sie gesagt wird, sondern stellen die sehr erstaunte Frage, wann sie ihm das denn alles getan haben sollten? Sie wissen selbst davon gar nichts. Und die Antwort lautet: »Was ihr getan habt an einem meiner geringsten Brüder, das habt ihr mir getan.«

Die eigentliche Pointe an dieser Stelle ist die verständnislose Überraschung, mit der die zu Erben des Gottesreiches Erklärten auf die Aussage des thronenden »Menschensohnes« reagieren, sie hätten ihm in allen erdenklichen Notlagen in seiner Hilfsbedürftigkeit beigestanden. Denn damit wird ihr Verhalten als absolut echt charakterisiert, als ausschließlich auf den Nächsten und seine Not gerichtet und nichts und niemanden sonst. Es hat somit eine feine Ironie, dass der in dieser Bildrede thronende König »Menschensohn« heißt.

Der Nächste ist also nicht ein sozusagen gefundenes Fressen für ein anrechenbares, verdienstvolles »gutes Werk« zum Zwecke der dafür dann eintretenden Ererbung des Himmelreichs aufgrund eines königlichen Gnadenakts. Sondern er ist einfach nur der Mitmensch in seiner Notlage, der abzuhelfen der einzige Sinn des Handelns ist. Sofern hier also von einem »Jüngsten Gericht« gehandelt wird, so ist damit von einem allerjüngsten Gericht die Rede, das sich jederzeit in der jeweiligen Gegenwart abspielen kann – in einem jeweiligen Hier und Jetzt, in dem die Herausforderung gegeben ist, dem Mitmenschen ein Mitmensch zu sein.

Dementsprechend hat die Bezeichnung Weltgericht auch etwas Irreführendes. Es findet hier ja keinerlei Gerichtsverhandlung statt. Es findet keine Anklage statt, und es ist auch von keinem Richter die Rede, sondern von einem König, der die einen zu Erben seines Reiches erklärt, die anderen aber nicht. Es muss dabei auch nichts mehr verhandelt werden. Denn alles ist längst entschieden, wenn der »Menschensohn« um seinen Thron die ganze Menschheit versammelt. Mit dem Bild dieses »Gerichts« ohne Richter und Verhandlung ist deshalb auch nicht etwa in Form der Aufzählung der sechs »Werke der Barmherzigkeit« die Verkündung eines »Gesetzes Christi« verbunden, vor dessen Nichtbefolgung wegen der entsprechenden zukünftigen und ewigen höllischen Folgen zu warnen wäre. Verstanden ist dieser Text erst, wenn begriffen ist: Es geht nicht um einen Imperativ, sondern um einen Indikativ; nicht um eine Aussage über das Sollen oder gar Müssen des Menschen, sondern um eine Beschreibung der grundlegenden Struktur wesentlichen menschlichen Seins. Wie sie in höchst bemerkenswerter Weise von der modernen Wissenschaft bestätigt wird, indem sie etwa mithilfe von seriöser Statistik oder gar von Hirnforschung unter Einsatz des Computertomografen den exakt messbaren Nachweis führt, dass mitmenschliche Nähe sowohl Gesundheit fördern und erhalten kann als auch im Krankheitsfalle unverkennbar zur Wiederherstellung beiträgt. »Ich bin krank gewesen, und ihr habt mich besucht.« Was sich somit abspielt, wenn dies geschieht, spielt sich dann natürlich überall auf dieser Welt ab, wo und wenn es geschieht. Und wo immer das geschieht, ereignet sich Kirche Jesu Christi im eigentlichen Sinne, ließe sich hinzufügen.

Damit ist nun eine weitere, sehr bedeutsame Pointe dieses Textes angesprochen, die ihn sachlich als authentisch jesuanisch ausweist: Weil allein die dargestellte Art des Handelns entscheidender Maßstab ist, wird dieser auf die gesamte Menschheit angewandt. »Alle Völker« seien versammelt worden, heißt es ja. Überall gibt es die also, die der thronende »Menschensohn« als die »Gesegneten meines Vaters« anspricht. Herkunft oder Zuordnung, welcher denkbaren Art auch immer, spielen keine Rolle. Ob man einem Volk angehört hat, das sich auserwählt glaubte, oder einer vom vollkommenen Wahrheitsbesitz überzeugten Kirche oder Glaubensgemeinschaft oder ob man dem größten Propheten aller Zeiten applaudiert hat – für den man auch Jesus mit guten Gründen halten kann –, nichts von dieser Art ist irgendwie ausschlaggebend. In keiner Weise geht es darum, das richtige Glaubensbekenntnis für wahr gehalten zu haben, der richtigen Religion – oder gar Konfession – angehört zu haben oder eingestanden zu sein für die allein richtige Ideologie unter Zugehörigkeit zu einer darüber allein verfügenden politischen Partei.

Jeglicher Art solchen Selbstverständnisses muss der jesuanische Maßstab wohl immer wieder einmal als ganz unentbehrliches Korrektiv vor Augen gestellt werden. Die Inklusivität der Rede Jesu vom Weltgericht ist in ihrer Konsequenz unüberbietbar radikal:

»Das in den Augen der verfassten Kirche Unerhörte ist im Sinne Jesu hier möglich, dass Menschen Gott gar nicht gekannt haben, dass sie ihn ganz gewiss niemals im Munde geführt haben, dass aber Gott selbst am Jüngsten Tage ihnen erklären wird, dass er es war, den sie trafen in den Augen des Weinenden, dessen Stimme sie hörten in dem flehenden Mund eines Sterbenden und dessen Zärtlichkeit sie spür-

103

ten in den Händen einer Bettlerin«, so Eugen Drewermann in seinem Matthäuskommentar.

Wie höchst nachrangig ist es gemessen daran doch, ob ein Papst oder wer auch sonst immer eine Glaubensgemeinschaft wegen ihrer allein richtigen Dogmatik für die Kirche im eigentlichen Sinne erklärt oder nicht.

Diese höchst prinzipielle Ausrichtung des »Weltgerichts« an dem, was getan oder nicht getan wurde – nicht unter gesetzlichem Druck, sondern in spontaner, selbstverständlicher Nächstenliebe –, dies wirklich zu erfassen könnte von größter Bedeutung für den Religionsfrieden und damit auch für den Weltfrieden überhaupt sein. Weil dies nämlich die dargestellte Zweitrangigkeit aller Ideologien und Glaubenslehren mit ihren exklusiven Aspekten bedeutet, ihren verkehrten, weil nur selbstbezogenen Ansprüchen von Ausschließlichkeit.

Denn diese Exklusivansprüche sondern aus, versehen ganze Großgruppen von Menschen mit negativem Vorzeichen und tragen deshalb das Potenzial zu gewalttätigen Auseinandersetzungen in sich, die allseits im Namen Gottes – jeweils »unseres« Gottes – geführt werden und damit auch als gerecht und gut, ja heilig erscheinen. In der »globalisierten« Welt von heute sind sie die größte Gefahr für nichts Geringeres als den Weltfrieden. Denn Gewalttätigkeiten brutalster Art können so gerechtfertigt werden und werden es auch tatsächlich. Geradezu verpflichtet kann man sich zu ihnen sehen. Die Geschichte ist übervoll von Beispielen dafür. Nicht nur die furchtbaren Anschläge des 11. September 2001 gehören dazu, sondern leider auch die Reaktion George W. Bushs darauf mit seinem Angriffskrieg gegen den Irak, von ihm selbst als »Kreuzzug« deklariert.

Christliche Lehr- und Denktradition trifft hier auf eine große Herausforderung. Denn indem sie über den einfachen Menschen Jesus lehrt, er sei zugleich wahrer Gott von Ewigkeit zu Ewigkeit, hat die Kirche für die christliche Religion einen wahrhaft unüberbietbaren Exklusivitätsanspruch geschaffen. Dieser wird auch in der Gegenwart nicht nur in Rom, sondern ebenso im Protestantismus immer wieder entschieden bekräftigt. Im evangelischen Bereich ist das weltweit in besonders hohem Maße der Fall in der stark missionarisch und exklusiv ausgerichteten »evangelikalen« Bewegung, deren Auffassung der Bibel in hohem Maße zum Fundamentalismus neigt. Auch in Deutschland ist sie innerkirchlich einflussreich, indem sie von Kirchenleitungen, soweit diese durch sinkende Mitgliederzahlen verunsichert sind, als verlässlich kirchentreu eingeschätzt und deshalb mitunter geradezu hofiert wird. Unter diesem Einfluss sind jedoch Begegnung und Dialog mit anderen Religionen auf Augenhöhe von vornherein nicht möglich. Missionarische Absicht und offener Dialog vertragen sich nun einmal nicht miteinander. Was dann zur Folge haben kann, dass sich damit die auf der anderen Seite ebenfalls vorhandene Absolutheitsneigung entsprechend provokativ verstärkt.

Statt dieser Provokation wäre vielfacher, konstruktiv vergleichender, wenn unvermeidbar auch streitender Dialog möglich, wenn man die ideologische Überhöhung des Mannes aus Nazareth zum »wahren Gott«, für den er selbst sich nie gehalten hat, aufgeben würde im Vertrauen auf die Überzeugungskraft von dessen anspruchsvoll einfacher Botschaft, die der Evangelist Markus »das Evangelium Gottes« nennt (Mk. 1, 14).

Dieses Evangelium an die Stelle bestimmter Lehren zu setzen, die die kirchliche Dogmengeschichte hervorgebracht hat, könnte sich für den Frieden in einer konfliktreichen, globalisierten Welt als ein außerordentlich bedeutsamer Schritt erweisen. Ein Schritt, der maßgeblichen Vertretern der Kirche viel Mut abverlangen würde. Das ist insofern unbestreitbar, weil es bedeuten würde, einiges aufzugeben, was nicht erst seit gestern infrage steht, sich aber immer wieder mit dem Anspruch des Unaufgebbaren zu versehen wusste. Religionssoziologische Forschung führt jedoch den Nachweis, dass vieles vom vorgeblich ganz Unaufgebbaren nur noch Minderheiten in der Größenordnung von Sekten als ein solches gilt. Umso mehr kann Einfachglauben als Vertrauen, das aus der Botschaft Jesu erwächst, den Mut zu wirklich weitgehenden Schritten des »notwendigen Abschiedes« (Klaus-Peter Jörns) aufbringen.

Schließlich geht es um nichts Geringeres als das Gewicht des Religionsfriedens für den Weltfrieden. Dabei gilt uneingeschränkt auch für das Christentum, dass Religionen nur in dem Maße, wie sie inklusives Denken lehren und praktizieren, noch Friedensfähigkeit für sich in Anspruch nehmen können. Denn was vor dem Hintergrund der großen Rede Jesu vom »Weltgericht« allein Wahrheitsansprüche beglaubigt, ist deren Bewährung in Gestalt von konkreter, liebevoll hilfreicher Zuwendung von Mensch und Mitmensch, die niemanden ausschließt und niemand anderen meint als nur den Mitmenschen selbst. Er allein ist Zweck des Handelns, niemals Mittel im Dienste eines »höheren« Zwecks. »Einfach glauben« konstituiert die Religion derer, die keine anderen Zwecke kennen als den Menschen in seinem Angewiesensein auf den Mitmenschen in allen denkbaren Formen mitmenschlichen Gebens und Empfangens.

Und darin steckt nun die ganz besondere Pointe: Jesus selbst, der natürlich in Matthäus 25 als der »König« gemeint ist, der über seiner Versammlung »aller Völker« thront, um sein Reich dessen wahren Erben zukommen zu lassen, auch Jesus selbst – bei Matthäus als der Auferstandene natürlich dieser »König« – ist *nicht* ein solcher »höherer« Zweck, der Nächste nicht ein Mittel, ihm zu dienen! Nur ohne den Hintergedanken der eigenen Seligkeit ist man seinem Nächsten wirklich ein Mitmensch.

Ihren »Herrn Jesus« hatte also die fromme Krankenschwester im Kriegslazarett noch nicht wirklich verstanden, von der eine nach dem Zweiten Weltkrieg oft kolportierte Geschichte erzählt, sie habe auf das dankbare Kompliment eines schwer verwundeten Soldaten für ihren aufopferungsvollen Pflegeeinsatz geantwortet, sie tue das alles »für den Herrn Jesus«. Voller Enttäuschung und Unverständnis sei der Verwundete daraufhin gewesen, dem Jesus auf diese Weise gerade nicht nähergebracht wurde.

6. Einfach glauben – einfach frei sein

Freiheit vom »Untertansein«

Auf die Frage: »An welchen Gott glauben Sie?«, hat der Filmregisseur Wim Wenders im Interview mit dem Magazin »chrismon« geantwortet: »An den, der sich im Neuen Testament manifestiert, auf unglaublich großzügige, grenzenlose, liebevolle Weise. Ich finde das Neue Testament so atemberaubend, weil es nur Möglichkeiten eröffnet und keinerlei Einengungen.« Man kann den Eindruck haben, als habe Wenders dabei sehr bewusst zu besonders ausdrucksstarken Worten gegriffen, um zu sagen, was ihm so wichtig ist: dass er im Neuen Testament eine Art von Gott zu reden vorfindet, die er als die Eröffnung eines ganz großen Freiheitsraumes empfindet: unglaublich großzügig, grenzenlos, keinerlei Einengungen. In der Tat: So ist das meiste beschaffen, was darin zu finden ist. Das Neue Testament im Ganzen kann Wim Wenders damit allerdings nicht gemeint haben. In den 2. Petrusbrief beispielsweise oder die Offenbarung des Johannes mit ihren hochgradig aggressiven Anteilen wird er sich wohl kaum vertieft haben. Womit ihm auch nichts fehlt.

Der junge Martin Luther wurde, indem er sich in das Neue Testament vertiefte, zum Reformator der Kirche. Eine der wichtigsten unter seinen Abhandlungen, die wegen ihrer historischen Bedeutung als seine »reformatorischen Hauptschriften« bezeichnet werden, trägt den Titel »Von der Freiheit eines Christenmenschen«. An die Spitze seiner Überlegungen setzt Luther in dieser Schrift »zwei Beschlüsse«, die lauten: »Ein Christenmensch ist ein freier Herr aller Dinge und niemandem untertan« und »Ein Christenmensch ist ein dienstbarer Knecht aller Dinge und jedermann untertan«.

Luther konstituiert damit die ethische Souveränität jedes »Christenmenschen«, die insofern von reformatorischer Dimension ist, als die römische Kirche beansprucht, jedem Katholiken durch ihr Lehramt – repräsentiert durch ihre Priesterhierarchie – verbindliche Vorgaben für sein Verhalten machen zu können, ja machen zu müssen. Von Gott selbst sieht sie sich dazu eingesetzt und durch den »Beistand des Heiligen Geistes« mit aller erforderlichen Kenntnis dafür ausgestattet.

Auffallend oft handelt Luther dementsprechend auch in dieser Schrift von einem seiner gewichtigsten Hauptthemen, dem allgemeinen Priestertum aller Gläubigen, das jeden Christen mit allem ausstattet, was nach römischer Lehre dem Stand der geweihten Kleriker allein vorbehalten ist. Indem vor Gott aber alle mit diesen gleich sind, wird bei Luther der Priesterbegriff und jeder mit ihm verbundene, exklusive Anspruch ad absurdum geführt. »Priester« als Bezeichnung einer für Gott und die Menschen unverzichtbaren Mittlerinstanz ergibt keinen Sinn mehr, ist nicht mehr brauchbar und verschwindet deshalb im Protestantismus auch ganz aus dem Sprachgebrauch. Bei der gleichwohl weiter üblichen Redeweise vom »katholischen Priester« handelt es sich also genau genommen um einen »weißen Schimmel«. Denn evangelische Priester gibt es nun einmal nicht, was freilich nicht ausschließt, dass hin und wieder auch ein evangelischer Pfarrer sich gern wie ein solcher geriert und auch schon dazu passende Theologien entworfen wurden.

Gleichwohl gilt als unabdingbar »evangelisch«: Jeder Christenmensch ist unmittelbar zu Gott und bedarf über die Predigt des Evangeliums hinaus keiner rechtlichen Heilsvermittlung durch ausdrücklich und allein dazu Bevollmächtigte, durch die die Gottesbeziehung letztlich überhaupt erst möglich und verbindlich würde. Und es ist klar, dass es die Freiheit jedes Einzelnen ist, die sich aus dem gleichen priesterlichen Status aller ergibt, der das Ende von Priestertum im ursprünglichen Sinne bedeutet.

Man könnte es auch so sagen: Aus »Hochwürden« wird quasi »Gleichwürden«. Pfarrer ist ein Beruf wie andere auch; ein anspruchsvoller, aber keiner, der mit einer metaphysischen Qualität versehen wäre, die ihn von allen anderen Menschen abhebt und bis ans Ende seiner Tage unterscheidet. Auch die Sakramente zu vollziehen steht deshalb im Ausnahmefall jedem Christen zu. Selbstverständlich war es deshalb für evangelische Christen unter der stalinistischen Herrschaft in der Sowjetunion, dass ihre Kinder von den »Familienoberhäuptern« getauft wurden und dass das Abendmahl auch ohne Pfarrer in den Häusern gefeiert werden konnte; und selbstverständlich war deshalb auch, dass solche Taufen nach der Aussiedelung in den Westen nicht von einem Ordinierten noch einmal zu wiederholen waren, selbst wenn naturgemäß ein »Taufschein« nicht vorgelegt werden konnte, was zum Beispiel bei der Anmeldung eines Kindes zum Konfirmandenunterricht üblich ist. Dass im Regelfall in evangelischen Gemeinden so nicht verfahren werden kann, sondern die Dinge dem ordinierten Pfarrer vorbehalten sind, ist lediglich dem Aspekt von notwendiger Ordnung geschuldet, die nun einmal bestimmten Ämtern bestimmte Aufgaben im Vollzug des kirchlichen Lebens zuweist, für deren Wahrnehmung bestimmte, definierte Voraussetzungen als erfüllt zu gelten haben.

Entsprechend bezieht sich Luthers Formulierung, ein Christenmensch sei »niemandem untertan«, vor allem auf den kirchlichen Autoritätsanspruch in Gestalt der geheiligten Exklusivität des Weihepriestertums. Ein dahin tendierender Anspruch kann sich natürlich auch im Protestantismus immer dann wieder erneuern, wenn das, was man als »lutherisches Pfarrherrentum« bezeichnet hat, sich zu Bevormundungen aufschwingt, die angemessenen Respekt vor der »Freiheit eines Christenmenschen« vermissen lassen. Diese Freiheit enthält nun einmal einen starken, stets erneuerungsfähigen reformatorischen Impuls.

Und dies mit weitreichenden historischen Folgewirkungen über den kirchlichen Bereich hinaus. Denn es ist ja unverkennbar, dass hier ein demokratisches Element zum Tragen kommt, obgleich es eine entsprechende Begrifflichkeit zu Luthers Zeit längst noch nicht gab. Aber damit, dass ein Christenmensch »niemandem untertan« ist, wird eines sehr viel späteren Tages auch der Obrigkeitsstaat der Kaiser, Könige und Fürsten einmal konfrontiert werden. »Die Gedanken sind frei« wird zum Volkslied im wahrsten Sinne des Wortes und zum Evergreen eines aufgeklärten, freiheitlichen Menschentums. Aus dem bevormundeten politischen Untertanen will ein mündiger, mitbestimmender Bürger werden. Und er wird es eines Tages auch tatsächlich werden, allen kirchlichen Widerständen zum Trotz.

Ein »Christenmensch« ist ja aus seiner Unmittelbarkeit zu Gott heraus in seinem Handeln ein ganz eigenständiger Entscheidungsträger, bekommt seine Wege von keiner stellvertretend für Gott stehenden Instanz verbindlich gewiesen. Oder einfach ausgedrückt, weil es so einfach ist: Er schuldet keiner Kirche Gehorsam, keinem Prediger und keinem Priester, keinem Bischof und keinem »Heiligen Vater« in Rom und ebenso wenig keinem Kaiser von angeblich »Gottes Gnaden«. Denn die ihm von Gott zugestandene, unteilbare Freiheit ist – mit Dietrich Bonhoeffer gesprochen – seine »schöpferische ethische Kraft«. Womit aber auch klargestellt ist, dass die Freiheit eines Christenmenschen nicht beliebige Autonomie bedeutet und nicht Willkürcharakter annehmen kann. Sie ist schließlich die Freiheit eines *Christen*menschen. Inhaltlich hat dessen Handeln folglich immer Dienstcharakter gegenüber dem Nächsten und dem Wohl aller, wie es Luther in seiner zweiten Freiheitsthese ja unmissverständlich zum Ausdruck bringt.

Seine reformatorischen Impulse gewonnen und entwickelt hat Luther als Theologe in der Befassung mit der »Rechtfertigungslehre« des Paulus. Sie besagt im Kern, dass der Mensch seine Akzeptanz bei Gott nur in vertrauendem Glauben findet und nicht und niemals auf der Basis frommer, kirchlich nahegelegter oder gar verordneter Werke, die ihn der anerkennenden Zuwendung Gottes würdig machen könnten. Zu den hauptsächlichen Quellen dieser Sicht wurden für

Luther die Briefe des Paulus an die Römer und an die Galater, die ausgiebig auch von der Freiheit handeln, die mit dieser Akzeptanz bei Gott verbunden ist.

Diese Freiheit von aller frommen Gesetzlichkeit oder gesetzlichen Frömmigkeit gilt aber auch für das Verhältnis der Christen zu den Überlieferungen der Bibel. Das bedarf hier der besonderen Erwähnung, weil es auch in diesem Zusammenhang eine ausgeprägt gesetzliche Frömmigkeit gibt. Sie trägt den Namen »Fundamentalismus«. Dieser Begriff wird häufig als Bezeichnung einer gewaltbejahenden Auslegung des Islam verwendet. Doch hat sich zu Beginn des 20. Jahrhunderts und bis heute gültig auch eine Bewegung im nordamerikanischen Christentum diese Bezeichnung »Fundamentalisten« ausdrücklich selbst beigelegt. Deren Glaubensbedingung ist die uneingeschränkt wörtliche Lesart aller biblischen Texte. Zwischen äußerer Textfassung und innerem Sinn wird nicht mehr unterschieden. Die Verunsicherung wird nicht ertragen, die damit verbunden sein kann, wenn zwischen zeitbedingter und zeitloser Wahrheit zu unterscheiden als unvermeidlich gilt. Die Bibel wird deshalb als »verbalinspiriert« aufgefasst, ihren Verfassern quasi vom Geist Gottes unmittelbar in die Feder diktiert. Sie *enthält* nicht das Wort Gottes, sondern *ist* es in einem sehr realen, faktischen Sinne. Nur so, meint man, sei die Bibel wirklich als »Heilige Schrift« respektiert.

Von solcher Zwanghaftigkeit und dem erheblichen Streitpotenzial, das daraus mit einer bestimmten Zwangsläufigkeit erwächst, ist die Freiheit einfach vertrauenden Glaubens frei. An Jesus selbst, an seiner Botschaft orientiert muss diese Art zu glauben deshalb nicht mit dem ersten Kapitel des 2. Thessalonicherbriefs von Jesus als demjenigen überzeugt sein, der kommen wird, »in Feuerflammen Vergeltung zu üben an denen, die Gott nicht kennen und die nicht gehorsam sind dem Evangelium«.

Da fängt – noch rein gedanklich – schon früh etwas an, das später die Kirche in ihrer selbst behaupteten Stellvertreterfunktion in ihre eigenen, dann sehr blutigen Hände nehmen wird. In unserer Gegenwart

111

jedenfalls erinnert die zitierte Aussage an die Denkweise islamisti-scher Terroristen, ohne dass sie allerdings schon deren Konsequen-zen zöge. Es gehört aber diese Aggressivität neben etlichen anderen Argumenten auch zu dem, was es als besonders zweifelhaft erschei-nen lässt, dass der 2. Thessalonicherbrief tatsächlich aus der Feder des Paulus stammt, wie er mit auffälliger Betonung behauptet. Dass es solche Fälschungen gab, ist sogar in diesem Brief selbst festgehalten, wohl als eine zweifelhafte Suggestion seiner Echtheit.

Herr sein über Regel und Ausnahme

Leichter als in den nicht gerade unkomplizierten Gedankengängen der echten Paulusbriefe hätte Luther die Rechtfertigung des Men-schen vor Gott durch den einfach vertrauenden Glauben auch in der Evangelienüberlieferung entdecken können. Etwa in dem Schlussab-schnitt des zweiten Kapitels des Markusevangeliums über das »Äh-renraufen der Jünger am Sabbat«. Dort wird erzählt, Jesus sei, als er an einem Sabbat unterwegs war, mit seinen Jüngern durch ein Kornfeld gegangen. Dabei hätten die Jünger, weil sie offenbar hungrig waren, Ähren ausgerauft, um die Körner zu essen. Wegen dieses Verhaltens wird nun Jesus von den »Pharisäern« zur Rede gestellt. Das sind An-gehörige einer sehr gesetzesstrengen Gruppe frommer Juden, die sehr exakte Auslegungsbestimmungen – eine Art frommer Verwal-tungsbürokratie – zu den Zehn Geboten pflegten. Nach deren Auffas-sung aber war das, was die Jünger da taten, Erntearbeit und somit ein Verstoß gegen das Sabbatgebot, dessen strenge Observanz den Phari-säern ganz besonders am Herzen lag. Und Jesus, den sie als Kopf der Gruppe verantwortlich machten und zur Rechenschaft zogen, ant-wortete ihnen mit einer Aussage, die es in sich hat, weil sie von sehr prinzipieller Art ist: »Der Sabbat ist um des Menschen willen gemacht und nicht der Mensch um des Sabbats willen. So ist der Menschen-sohn ein Herr auch über den Sabbat.« Mit anderen Worten: Jeder Mensch – aramäisch »Menschensohn« – ist frei, über die Ausnahme von der Regel unter Bewahrung ihres Sinns situationsgerecht selbst zu entscheiden, einfach selbst. Wer genau gegenteiliger Auffassung ist, kann sich darüber natürlich nur im höchsten Maße erregen. Eine »Diktatur des Relativismus« wird er argwöhnen, ohne noch wahrzunehmen, wie paradox ein solcher Begriff ist.

Wie so oft in der Jesusüberlieferung spielt auch hier die nicht immer und nicht für jedermann selbstverständliche Nahrung für den Leib eine bedeutsame Rolle. Die Brotbitte des Vaterunsergebets ist für diesen hohen Stellenwert von Essen und Trinken – Europäern von heute schwer nachvollziehbar – das bekannteste Beispiel. Die tägliche Mindestration an »Brot« (= Nahrung überhaupt) ist ja konstitutives Element für das Leben überhaupt. Und für Jesus sind die Gebote Gottes selbstverständlicher Ausfluss der lebensdienlichen Güte Gottes als des Schöpfers allen Lebens und nur so richtig zu verstehen. Lebensdienlichkeit wird damit zum entscheidenden Kriterium, das in einer Situation zu jeweiliger korrekter Auslegung der Gebote Gottes befähigt.

»Situationsethik« ist der in der Moderne dafür geläufige Begriff, der das Gewissen des Einzelnen in eine letztinstanzliche Position rückt, sofern es um das konkrete, persönlich zu verantwortende Handeln geht. Was im gegebenen Falle auch heißen kann, ein Gebot außer Acht zu lassen, ohne dass es damit prinzipiell außer Kraft gesetzt wäre, vielmehr auch dann seinem Sinn nach bewahrt wird. Was aber zugleich die radikal entgegengesetzte Position zu derjenigen darstellt, der sich die Pharisäer mit aller Konsequenz verpflichtet sehen. Aus deren fundamentalistischer Sicht ist die absolute Autorität Gottes in Gestalt der bedingungslosen Geltung des reinen Wortsinns der Gebote der allein zulässige Maßstab, der so radikal ernstgenommen wird, dass es eines ganzen Regelwerks bedarf, um ihn der Komplexität des realen Lebens anzupassen. Ausübung von Macht und Herrschaft an sich wird dabei als das Wesen Gottes gesehen. Und dies auch unter Blindheit für die Barmherzigkeit Gottes zu repräsentieren wird zur zentralen Aufgabe derer, die sich zur offiziellen Religionsverwaltung berufen sehen. Und es gibt sie leider auch heute noch.

Autorität dieser Art aber gibt es für Jesus nicht. Und schon gar nicht beansprucht für ihn Gott eine so verstandene Autorität. Vielmehr lautet das Fazit Jesu, dass »der Menschensohn ein Herr auch über den Sabbat« ist (Mk. 2, 28). Nicht Exklusivbezeichnung Jesu ist hier der Ausdruck »der Menschensohn«, sondern die aramäisch reguläre Ausdrucksweise für »der Mensch«. Jeder seiner Jünger ist folglich » freier Herr aller Dinge«, so wie es alle Menschen sind, die etwas von Gottes Barmherzigkeit begriffen haben. Der mit »der Mensch« hier identische Ausdruck »der Menschensohn« ist einem frommen Juden aus dem 8. Psalm bekannt und vertraut (Psalm 8, 5). »Menschensohn« ist also hier, wie es auch der Zusammenhang unverkennbar macht, kein für Jesus reservierter Hoheitstitel, wie es die Verwendung von »der Menschensohn« im apokalyptischen Danielbuch nahelegen könnte. Die Ähren ausraufenden Jünger handeln ja ganz nach ihrem eigenem Antrieb und nicht etwa erst, nachdem sie von Jesus als ihrer religiösen Autorität eine Erlaubnis für den besonders begründeten Ausnahmefall erhalten hätten.

Jesus wird hier nicht seinerseits zur neuen, allein und absolut weisungsbefugten und unbedingten Gehorsam verlangenden Autorität. Vielmehr findet sich hier Wim Wenders' »atemberaubend großzügige Eröffnung von Möglichkeiten« wieder. Bei einem Jesus nämlich, der selbst von vornherein nicht dafür infrage kommt, ein »Herr« zu sein, einer, der Untertanen und Knechte hat und braucht. Das aber erwarten offenbar die Pharisäer von ihm, denn sie wenden sich mit ihrer Empörung ja nicht an die Jünger selbst, sondern an Jesus als deren »Meister«. Wenn dieser Mann schon meint, kompetent von Gott reden zu können, dann soll er wenigstens auch entsprechend Autorität ausüben.

Umso grundstürzender ist das, was Jesus dazu zu sagen hat und was er selbst dann weiter tut, indem er am Sabbat Krankenheilungen vornimmt, also quasi ärztliche Tätigkeit ausübt. Deutlicher kann man das Prinzip »Der Sabbat ist für den Menschen gemacht« wohl nicht demonstrieren als dadurch, dass das Sabbatgebot nicht als Hinderung gesehen wird, Menschen von Krankheit zu befreien und damit dem sozialen Leben zurückzugeben. Jesus bleibt einfach konsequent seiner Gotteserkenntnis treu, was natürlich zur Folge hat, dass sich der Konflikt aufs Äußerste zuspitzt. Und so ist es dann nicht verwunderlich, wenn es unmittelbar daran anschließend im Markusevangelium heißt: »Und die Pharisäer gingen hinaus und hielten alsbald Rat über ihn mit den Anhängern des Herodes, wie sie ihn umbrächten.« Unverkennbar ist das ein betonter Hinweis des Evangelisten auf das Kreuz und in welchem Zusammenhang für ihn der Weg dorthin unvermeidlich vorgezeichnet ist.

Es mag sich in dieser Darstellung der Konflikt zwischen der frühen Christenheit, die sich nach Karfreitag und Ostern gebildet hat, und der Synagoge um die Zuweisung der Schuld am gewaltsamen Tode Jesu widerspiegeln. Und mag deshalb infrage stehen, ob die Dinge sich historisch tatsächlich so abgespielt haben, wie der Evangelist sie wiedergibt. Deutlich und sehr plausibel aber lautet hier die Antwort auf die Frage, wofür Jesus am Ende den Kreuzigungstod erlitten hat: Für das im Wortsinne Unerhörte seines Redens und Handelns wurde er am Ende umgebracht. Beides bildet dabei eine hochbrisante Einheit. »Wer heilt, hat recht«, lautet ein Satz, der in heutigen Diskussionen zwischen Vertretern der Schulmedizin und Anhängern von alternativen Heilverfahren zu hören ist. Genau diese Logik wohnt auch den Heilungen Jesu am Sabbat inne. Als umso gefährlicher in seiner Wirkung muss dies folglich allen erscheinen, denen der Sabbat als Inbegriff des religiösen Gesetzes ihr geheiligtes Ein und Alles ist.

Hier wird unverkennbar, weshalb auf Jesus ein bewusst herbeigeführtes, gewaltsames Ende wartet: nicht weil ihm ein stellvertretender Sühnopfertod für die Sünden der Menschheit nach dem Willen Gottes vorherbestimmt ist, sondern weil er eine Freiheit lehrt und praktiziert, die für bestimmte andere, die die religiöse Machtverwaltung in Händen haben, absolut unerträglich ist und als große Gefahr gesehen wird – sofern die Sichtweise dieses Außenseiters Schule machen sollte, was sie offenbar tut.

Und es bildet sich hier ab, was auf die ganze Länge der künftigen Kirchengeschichte bis in die jüngste Gegenwart hinein ein Grundkonflikt bleiben wird: der Gegensatz zwischen der Machtverwaltung der religiösen Institution Kirche, die sich im dritten Artikel des vorgeblich Apostolischen Glaubensbekenntnisses selbst zum Gegenstand religiösen Glaubens erklärt hat, und der Freiheit des Einzelnen in seiner Unmittelbarkeit zu Gott. Als Martin Luther Letztere mit der ihm eigenen Hartnäckigkeit reklamierte, wurde auch ihm höchst offiziell erklärt, dass er damit sein Leben verwirkt habe. Für »vogelfrei« wurde er erklärt – wer ihn fand, durfte ihn umbringen – und ist dem Schicksal des Nazareners nur unter der militärischen Schutzmacht seiner Anhänger unter den deutschen Fürsten entgangen.

Gefährdete Freiheit

Institutionelle Religionsverwaltung und freie Selbstbestimmung des Einzelnen über die religiöse Dimension seines Lebens, das ist ein Gegensatzpaar, das unaufhebbar zu sein scheint. Als die Grundaussage, dass es eine von priesterlicher Vermittlung freie Unmittelbarkeit des Einzelnen zu Gott gibt, zwei Jahrhunderte später in das Freiheitspathos der Aufklärung und die Forderung nach Demokratie einmündet, sehen die römische Kirche wie in großen Teilen auch der nunmehr als Landeskirchentum etablierte Protestantismus darin gleichermaßen einen so ungeheuerlichen Abfall von Gott, dass sie alles dagegen ins Feld führen, was man an kirchlicher Drohmacht – Hölle, Tod und Teufel – aufzubieten in der Lage ist. »Liberal« denkende Theologen werden exkommuniziert bzw. amtsenthoben und noch bis in die 1960er-Jahre des 20. Jahrhunderts müssen alle Priester sich mit einem jährlich zu wiederholenden »Antimodernisteneid« zu unbedingter Dogmentreue und zum Kampf gegen alle individuellen Freiheitsrechte verpflichten, von wem auch immer sie gefordert oder praktiziert werden. Erst das Zweite Vatikanische Konzil hat hier Änderung geschaffen. Seit 1967 wird dieser Eid den Klerikern nicht mehr abverlangt. Noch immer bleibt es jedoch abzuwarten, ob der seit Längerem schon im Gang befindliche Prozess der Revision dieses Konzils nicht auch zum Antimodernismus als offiziell erklärtem Programm der Kirche zurückkehrt. Joseph Ratzingers/Benedikts XVI. entschiedene Zurückweisung der historisch-kritischen Bibelwissenschaft – ein Kind des historischen Bewusstseins der Moderne – in seinem Werk über Jesus weist jedenfalls in diese Richtung.

Großen Anlass zur Skepsis gibt in dieser Hinsicht das radikale Urteil dieses Papstes über den »Zeitgeist«; er bestehe in einer »Diktatur des Relativismus«. Dass Ratzinger, der in diesem Wort sein gesamtes Feindbild von der geistigen Verfassung der westlichen Welt zusammenfasst, 2011 dennoch eingeladen war, im symbolisch bedeutendsten Raum der deutschen Demokratie, dem Deutschen Bundestag, seine Auffassung diskussionslos darzustellen, war folglich ausgesprochen unangemessen. Denn die so paradox formulierte Anprangerung »Diktatur des Relativismus« ist die schwerwiegendste Diskreditierung der Demokratie und ihrer ideellen Grundlagen, die im 21. Jahrhundert bisher ausgesprochen wurde. Schließlich ist es im demokratischen System nicht nur zugelassen, dass es zu jedem anstehenden Sachverhalt, über den zu befinden ist, immer mindestens zwei Meinungen gibt, deren freie Äußerung selbstverständlich ist. Vielmehr ist dies sogar ausdrücklich vorgesehen, weil Demokratie wesentlich vom Diskurs lebt und gerade darin weit mehr ist als nur ein Verfahren der Beschlussfassung nach Mehrheitsprinzipien. Dies alles genießt prinzipielle päpstliche Verachtung als »Diktatur des Relativismus«.

Im antidemokratischen Kampf hat sich aber auch die evangelische Kirche erst seit der Mitte des 20. Jahrhunderts von der katholischen mehr als nur graduell unterschieden. Zu sehr ist sie bis zum Ende des Ersten Weltkriegs mit der Monarchie verquickt gewesen und durch sie enorm privilegiert, als dass sie hätte erkennen können, wie sehr die moderne Welt in den theologischen Grundlagen der Reformation verwurzelt ist. Dass zum Beispiel die Überzeugung von der Gleichheit aller vor Gott und der freien Unmittelbarkeit jedes Einzelnen zu ihm

117

mit innerer Notwendigkeit eines Tages einmünden musste in die Forderung nach gleichen Rechten für alle im Gemeinwesen. Luthers eingangs zitierte Thesen zur »Freiheit eines Christenmenschen« werden dagegen in der Theologie gern domestizierend überführt in die Unterscheidung einer »Freiheit von etwas« und einer »Freiheit zu etwas« mit der beliebten Folge, dann alles wesentlich Christliche unter »Freiheit zu« abzuhandeln.

Dabei rücken Begriffe wie Verantwortung, Pflicht und Gehorsam sowie Definitionsinstanzen, die sich ihnen zuordnen, in den Vordergrund. Womit dem Freiheitsbegriff sozusagen alle Zähne gezogen werden. Denn es ist der Freiheit wesensmäßig eigen, dass sie Freiheit von etwas ist. Wo sie so nicht gedacht wird, aber dennoch von Freiheit die Rede ist, ist der Begriff letztlich missbraucht, und es ist Vorsicht gegenüber den Liebhabern einer so verfassten Bestimmung der Freiheit geboten.

Einmal mehr ist an dieser Stelle auf den Begriff des Gehorsams zurückzukommen. Denn dieser so gern und häufig als große, wenn nicht gar höchste Tugend gepriesene Begriff ist mit dem der Freiheit ganz und gar unverträglich. Nichtsdestotrotz kommt es in der evangelischen Theologie des 20. Jahrhunderts mit der Wortschöpfung »Glaubensgehorsam« zu einer großen theologischen Verirrung, wie sie im ersten Kapitel schon dargestellt wurde. Denn so wie Glaube als Vertrauen Freiheit bedeutet, ist Gehorsam die Tugend des Misstrauens des Menschen gegen den Menschen. Als oberstes Ziel – keineswegs nur Mittel – einer jahrhundertelangen Erziehungstradition ist sie prinzipiell mit Strafe bewehrt, die jedem Ungehorsam auf dem Fuße folgt und von frühester Kindheit an auch in körperlicher Züchtigung besteht. Zur pädagogischen Ausstattung des Lehrers gehört bis weit ins 20. Jahrhundert hinein mit großer Selbstverständlichkeit der Rohrstock. Eltern fühlen sich damit nicht selten entlastet und sind entsprechend dankbar. Freude an der Ausübung körperlicher Gewalt wird für den Lehrerberuf als eine Voraussetzung gesehen, die selbstverständlich zu dessen Ausübung gehört.

An religiöser, auf die Bibel zurückgreifender Verbrämung fehlt es dabei nicht. Schließlich heißt es im Alten Testament ja, wie oben in Kapitel 4 schon erwähnt, in den Sprüchen Salomos: »Züchtige deinen Sohn, solange Hoffnung da ist« (Spr. 19, 18). Dass damit nichts anderes gemeint ist, als ihn nach Kräften zu prügeln, wird durch die Fortsetzung des Satzes klar, die lautet: » aber lass dich nicht hinreißen, ihn zu töten«. Das ist zwar eine Einschränkung, aber keine, die zu beachten besonders schwer wäre, obgleich es wohl seine Erfahrungsgründe hat, dass es sie überhaupt gibt. Diese massive Aufforderung zur körperlichen Gewaltanwendung gegenüber den Kindern – den Söhnen offenbar besonders – lässt sich leicht als ein wesentlich christliches Gebot übernehmen. Denn nach dem Vorbild des Handelns Gottvaters an seinem Sohn auf Golgatha, wie das Dogma vom Sühnopfer Jesu es lehrt, kann auch der prügelnde Erzieher sich selbst Liebe unterstellen als das wahre Motiv dessen, was er, der biblischen Weisung folgend, tut.

So fällt es leicht, die Anwendung der Prügelstrafe nach besten Kräften geradezu als Christenpflicht zu verstehen. Prügeln von wehrlos Ausgelieferten als Glaubensgehorsam für Genießer. Die brutalen Gewaltexzesse, die es in den Einrichtungen der »Fürsorgeerziehung« in kirchlicher Trägerschaft bis in die 1960er-Jahre gab und die erst seit einigen Jahren eingestanden und aufgearbeitet werden, haben hier ihre Wurzeln und sind ein Beispiel dafür, welche fatalen Folgen das fundamentalistische Verständnis der Bibel zeitigen kann. In den USA sind diese Folgen noch immer Gegenwart in Gestalt von Erziehungseinrichtungen in engagiert evangelikaler Trägerschaft, sogenannten »Bootcamps« (»Stiefellagern«). Wobei die oben zitierte Einschränkung in den Salomosprüchen, das Leben der Gezüchtigten zu schonen, gelegentlich auch übersehen wird, wie eine vom amerikanischen Kongress in Auftrag gegebene Untersuchung im Jahre 2004 ergab. Von zehn Todesfällen in solchen Erziehungseinrichtungen wurde den Parlamentariern berichtet.

Unwirksam bleibt dagegen dieser christlichen Erziehungstradition gegenüber, was das berühmte Gleichnis Jesu vom »verlorenen Sohn«

im 15. Kapitel des Lukasevangeliums zur Thematik von Freiheit, Gehorsam und Strafe aussagt. Diesen Sohn, der als der jüngere von zwei Brüdern im Mittelpunkt des Gleichnisses steht, dürstet es geradezu nach der Freiheit von seinem Elternhaus. Deshalb bittet er seinen Vater um Auszahlung seines Erbes und zieht fort in ein anderes Land. »Und dort brachte er sein Erbteil durch mit Prassen«, wird dann kurz und bündig über den Gebrauch berichtet, den der Sohn von seiner Freiheit macht. »Mit Huren verprasst«, heißt es sogar aus dem Munde des älteren Bruders. Als dann auch noch eine Hungersnot eintritt, landet er zwecks bloßen Überlebens ganz unten, indem er ein Schweinehirt wird, als welcher er die Tiere um ihr Futter beneidet. Als er tiefer nun nicht mehr fallen kann, besinnt er sich darauf, dass er es doch besser hätte, wenn er wenigstens einer der Tagelöhner seines Vaters wäre, und macht sich daraufhin auf zu einer reumütigen Heimkehr. Die geht aber ganz anders aus, als er erwartet. Denn der Vater kommt ihm mit großer Freude entgegen, nimmt ihn als Sohn wieder auf und nicht nur als Tagelöhner, womit der Sohn selbst schon zufrieden wäre. Und der Vater lässt ein Festmahl bereiten. Das »gemästete Kalb« wird geschlachtet, das Beste, was das Haus für diesen Zweck zu bieten hat.

Es gibt Ausleger, die mit diesem Gleichnis die Freiheit als prinzipiell diskreditiert sehen, weil der Sohn als volljährig gewordener Mann sie ja keineswegs zu Unrecht in Anspruch nimmt. Es gibt für diese Auffassung aber keinen Beleg in diesem Text. Weder am Anfang noch am Ende seines Weges wird der Sohn wegen seines Anspruchs auf ein freies, selbstbestimmtes Leben in irgendeiner Weise getadelt, wenngleich die Art des Freiheitsgebrauchs natürlich als ein Irrweg dasteht. Der Vater versucht nicht, ihm seine Freiheit zu verwehren, sondern respektiert sie ohne irgendeine Art von Vorhaltung nach der Melodie: »Du wirst schon sehen, was du davon hast.« So wird die Voraussetzung für ein späteres »Hättest du auf mich gehört« gar nicht erst geschaffen. Vielmehr steht am Ende keinerlei Kritik, sondern nur eine ganz elementare Freude über die Rückkehr des Sohnes, deren Basis ein letztes Vertrauen ist, das Vertrauen, von diesem Vater nicht abgewiesen zu werden.

Von der wahren Größe Gottes und der Unzerstörbarkeit seiner Beziehung zum Menschen handeln die Bilder dieses Gleichnisses. Von vorwerfbarem Ungehorsam ist nirgendwo die Rede. Nicht die Tatsache als solche, dass er seine Freiheit beansprucht, wird als das Problem des Sohnes angesprochen, sondern dass er zu seinem Unglück von ihr Gebrauch macht. Was aber in keiner Weise mit irgendeinem Strafhandeln bedacht wird. Die Selbsterkenntnis und die Umkehr des Sohnes sind als Bewältigung der Vergangenheit allein sinnvoll und werden zum Ausgangspunkt einer neuen Zukunft, die der Vater einfach mit Selbstverständlichkeit wieder eröffnet.

Auch diese Haltung findet sich dann bei Paulus wieder, wenn er am Anfang des sechsten Kapitels seines Briefes an die Galater schreibt: »Liebe Brüder, wenn ein Mensch etwa von einer Verfehlung ereilt wird, so helft ihm wieder zurecht mit sanftmütigem Geist.« Wie hätte er sich jemals so äußern können, wenn Glauben für ihn wesentlich Gehorsam zur Abwendung von Strafe bedeutet hätte? Wie sollte der Ausdruck »mit sanftmütigem Geist« mit einem strikten Gehorsamsbegriff übereinkommen? Sehr bekannt ist, was sich dann an diese Aussage anschießt. Es ist der berühmte Satz: »Einer trage des anderen Last, so werdet ihr das Gesetz Christi erfüllen.« Übersieht man die unmittelbar vorausgegangene Aussage über den Umgang mit Verfehlungen nicht, so ist klar, dass Paulus mit der »Last«, von der er hier spricht, die allen gemeinsame Last der Fähigkeit zu solchen Verfehlungen meint.

Das Wort hat sich aber vom Kontext gelöst und verselbstständigt und wird in Form eines konstruktiven Missverständnisses als allgemeine Aufforderung zum mitmenschlichen Tragen aller Lasten des Lebens verstanden. Es hat dann den Charakter von enger Verwandtschaft mit dem Gebot der Nächstenliebe in einer Form, die sich besonders gut als Begründung von karitativen bzw. diakonischen Aktivitäten eignet. Dem ursprünglichen Sinn dieses Wortes entspricht das

121

aber gar nicht, wie der Blick auf den Kontext zeigt. Das Missverständnis ist zum Glück aber durchaus christlicher Natur. Paulus selbst dagegen zeigt auch hier eine Nähe zu Jesus. Denn auf den ursprünglichen Sinn des berühmten Wortes vom Lasttragen gesehen, hat es ja eine bestimmte Nähe zu der Mahnung Jesu: »Richtet nicht, damit ihr nicht gerichtet werdet!«, mit der das siebente Kapitel des Matthäusevangeliums als Teil der »Bergpredigt« beginnt. Eine Mahnung, die dann mit der kleinen Bildrede vom »Splitter im Auge« des Nächsten erläutert wird, mit dem man sich nicht abgeben soll, solange man den »Balken« im eigenen Auge nicht einmal wahrgenommen hat.

Nähe zu Jesus offenbart Paulus auch darin, dass der Begriff, den er vor allem verwendet, um die Freiheit der Christenmenschen zu beschreiben, der der Kindschaft – genauer der Gotteskindschaft – ist. Von der »herrlichen Freiheit der Kinder Gottes« ist im Römerbrief sogar die Rede (Röm. 8, 21). Wobei unbedingt zu beachten ist, dass die durch Christus herbeigeführte Freiheit vom Zwang der Gesetzeserfüllung zwecks Akzeptanz bei Gott den Rechtsstatus des mündig gewordenen Erben meint, wenn sie nun zur »Kindschaft« wird (Gal. 4, 4-7). Der Gegenbegriff lautet folglich »Knechtschaft«. Ganz so, wie dieser Kindschaftsstatus im Gleichnis Jesu vom verlorenen Sohn diesem bei seiner Rückkehr ohne Verdienst, einfach durch den Willen des Vaters wieder zuteil wird.

Das ist unbedingt zu beachten: Wenn Jesus oder Paulus die Gottesbeziehung als »Kindschaft« beschreiben, ist keinesfalls irgendeine Art von Infantilität gemeint, sondern der Freiheitsstatus eines Erwachsenen, der in Unabhängigkeit von allen Vormundschaftsinstanzen mit aufrechtem Gang seine Wege geht. Der Status eines mündig geworden Erben, der selbstständig mit dem umgeht, was sein ist, ist der Vergleich, den Paulus in Galater 4 als »Kindschaft« bezeichnet. Glauben hat nichts Infantiles, sondern ist eine spezifische Form des Erwachsenseins, mit der es sich nicht verträgt, dass es im katholischen Bereich noch vor Jahrzehnten üblich war, Pfarrer mit »Vater« anzureden und die ihm anvertrauten erwachsenen Menschen »Pfarrkinder« zu nennen. Der Gott, den Jesus »Abba« genannt hat, hat nur gleichermaßen freie, erwachsene Söhne und Töchter, keine geweihten »Väter« als seine Stellvertreter und keine von diesen abhängigen Kinder.

7. Einfach glauben – einfach vergeben

Das Ende der Sühneverwaltung

Er könne menschliche Sehnsucht nach Vergebung verstehen und auch die Vorstellung eines vergebenden Gottes, hat Bernhard Schlink, einer der herausragenden deutschen Schriftsteller der Gegenwart, in einem Interview mit dem evangelischen Magazin »chrismon« 2008 geäußert und dann hinzugefügt: »Aber warum lässt Gott, wenn er uns vergeben will, seinen Sohn ans Kreuz schlagen? Warum vergibt er uns nicht einfach?«

Ins Zentrum kirchlicher Lehre aller Konfessionen zielt diese Frage, die von Schlink nicht als erstem Literaten, sondern schon des Öfteren und auch mit leidenschaftlichem Protest aufgeworfen wurde. Hoch kritisch ist sie deshalb. »chrismon« hat sie gleichwohl abgedruckt, sich aber in der ungestalteten Liberalität, die ein Hauptmerkmal der protestantischen Gegenwart ist, jeder Antwort zu dieser Frage enthalten. Lässt man den Leser mit ihr lieber allein, so ließe sich rückfragen, gerade weil sie so leicht nachvollziehbar ist, die Vorstellung aber, diese Frage wirklich ergebnisoffen zu erörtern, lähmende Hilflosigkeit auslöst?

Denn es ist nun einmal so, dass die Verkündigungstradition der Kirchen, ihre sakramentale Praxis wie auch jedes zweite Kirchenlied und alle Liturgie um den einen und einzigen Mittelpunkt einer Erlösungslehre kreisen, die besagt, dass der grausame Kreuzigungstod Jesu nach Gottes Heilsplan ein Sühnopfer war. Dieses diente der Befreiung der erbsündigen Menschheit vom Zorn Gottes über ihren Ungehorsam und zur künftigen Wiedererlangung des ewigen Lebens mit Gott, dessen der Mensch durch seinen »Sündenfall«, wie ihn die Paradies-geschichte vom Anfang der Bibel erzählt, verlustig gegangen ist. Nur durch das blutige Leiden Jesu am Kreuz könnten die Straffolgen Gottes für diesen Sündenfall wieder aufgehoben werden, weil nur er als durch den Heiligen Geist gezeugter Sohn Gottes und vom Propheten Jesaja geweissagter »Gottesknecht« selbst sündlos war und so einen unerschöpflichen Schatz der Vergebung Gottes erwerben konnte. Dessen verbindliche Verwaltung sei der Kirche übertragen. Und allein aus göttlicher Liebe sei das alles so geschehen.

Noch weit ausführlicher, kürzer aber nicht, ließe sie sich wiedergeben, die kirchliche Erlösungslehre; Grund und Gegenstand von Einfachglauben kann sie nicht werden. Im letzten Jahrzehnt ist sie von etlichen Theologen international unterschiedlicher Kirchenzuordnung auch sehr entschieden infrage gestellt worden. Dass Gottes Liebe zu den Menschen in einer schrecklichen Gewalttat an einem Unschuldigen ihren höchsten Ausdruck gefunden haben soll, ist nicht wenigen ein in seiner inneren Überspannung unerträglicher Gedanke. Ausgerechnet darin Gottes Liebe erblicken zu sollen, macht vielen Menschen, wenn sie sich ernsthaft damit auseinandersetzen, diesen Gott mindestens unheimlich, wenn nicht empörend.

Zumal die christliche Religion, wäre dies tatsächlich ihr unaufgebbares Zentrum, eine menschheits- und religionsgeschichtliche Rückentwicklung vollzogen hätte: Menschenopfer zur Sicherung göttlicher Gewährleistung der Lebensgrundlagen, wie man sie etwa in der altmexikanischen Maja-Kultur und anderswo historisch nachweisen kann, gehören in die Frühzeit der Menschheitsgeschichte und waren zur Zeit der Kreuzigung Jesu längst durch den Übergang zu einer Tieropferpraxis abgelöst. Ein höchst bedeutender Bibeltext ist in diesem Zusammenhang die Erzählung über die – am Ende nicht vollzogene – Opferung Isaaks, des so lange erwarteten spätgeborenen Sohnes Abrahams in Kapitel 22 des ersten Mosebuchs. Eine schreckliche, für die Verwendung im Kindergottesdienst absolut ungeeignete Geschichte wird da erzählt. Ihre dennoch positive Botschaft – weil ein Engel Gottes Abraham noch in den Arm fällt und sich anstelle Isaaks ein Widder zur Opferung findet –, bedeutet für Israel religionsgeschichtlich betrachtet nichts Geringeres als die Abschaffung des Menschenopfers durch Gott selbst und seine Ersetzung durch das Tieropfer.

Aber auch dieses hat, als Jesus auftritt, in Israel durch seine Propheten längst eine prinzipielle Relativierung erfahren.»›Was soll mir die Menge eurer Opfer?‹, spricht der Herr«, heißt es beim Propheten Jesaja, »ich habe sie satt, die Brandopfer [...] und habe kein Gefallen am Blut der Stiere, der Lämmer und Böcke« (Jesaja 1, 11). Um ganz anderes geht es stattdessen: »Lernt Gutes tun; trachtet nach Recht, helft den Unterdrückten, schafft den Waisen Recht, führt der Witwen Sache!« (1, 17). Bei Hosea wird es sprachlich besonders eindrucksvoll in poetischer Form ausgedrückt: »Ich habe Lust an der Liebe und nicht am Opfer, an der Erkenntnis Gottes, nicht am Brandopfer« (Hosea 6, 6). Schlichter, aber ebenso klar heißt es in den Sprüchen Salomos: »Recht und Gerechtigkeit tun ist dem Herrn lieber als Opfer« (Spr. 21, 3).

Es ist nun alles andere als zufällig, wenn das zitierte Wort des Propheten Hosea in leicht veränderter Form in einer Jesusrede des Matthäusevangeliums wieder vorkommt. Denn bei Jesus wird konsequent angewendet und durchgehalten, was Hosea durch Verwendung der poetischen Form der Aussagendoppelung (Parallelismus membrorum) zum Ausdruck bringt: Liebe (Mt.: Barmherzigkeit) und Erkenntnis Gottes fallen zusammen, gehören so eng zueinander, dass sie quasi eins werden. Es gibt keine nur auf mich selbst eingegrenzte, von der Beziehung zum Nächsten unabhängige Beziehung zu Gott: »Es werden nicht alle, die zu mir sagen Herr, Herr ins Himmelreich kommen, sondern die den Willen tun meines Vaters im Himmel« (Mt. 7, 21). Zu den Letzteren gehört der gnadenlos stolze Pharisäer in der Beispielgeschichte vom Pharisäer und Zöllner nicht. Denn den Willen Gottes, der dessen Wesen entspricht, gibt Jesus ganz einfach mit dem Satz wieder: »Seid barmherzig, wie euer Vater barmherzig ist!«

Diese stets integrierte Gottes- und Nächstenbeziehung ist auch das durchgängig prägende Merkmal des Umgangs Jesu mit der Thematik von Schuld und Vergebung, paradigmatisch zur Geltung gebracht in der Vergebungsbitte des Vaterunsergebets: »Und vergib uns unsere Schuld, wie auch wir vergeben unsern Schuldigern.« Den ersten Teil dieser Bitte auszusprechen, ohne den zweiten anzufügen, wäre ein sinnloses, Gott verfehlendes Gebet. Der Zöllner, der in der Beispielgeschichte Jesu neben dem Pharisäer im Tempel steht, sagt zwar lediglich: »Herr, sei mir Sünder gnädig«, aber es ist damit natürlich klar, dass sein Bekenntnis nicht ohne Folgen für sein Verhalten bleiben wird. Man denke an den Zöllner Zachäus, an dessen Wiedergutmachungsgelübde. Es resultiert aus seiner Begegnung mit Jesus, aus seiner Erfahrung, von ihm nicht wie von allen anderen verstoßen zu werden. So wird es in Lukas 19 erzählt. Es ist bezeichnend, dass der einzige (!) Text in den synoptischen Evangelien, in dem auch Jesus einmal das Bild eines zornigen Gottes zeichnet, vom »Schalksknecht«, wie ihn die Lutherbibel nennt, handelt (Mt. 18, 23 ff., vgl. oben, Kapitel 2). Denn dieser hat sich die Barmherzigkeit Gottes sozusagen in die Tasche gesteckt, um seine eigene Unbarmherzigkeit gegenüber seinem Mitknecht noch lohnender zu machen. Eine Häresie nicht der Lehre, sondern der Tat liegt hier vor, die vom Wesen Gottes nichts begriffen hat und deshalb am Ende ohne ihn auskommen muss.

Dieses Gleichnis schließt der Evangelist mit Bedacht ganz unmittelbar an die von Petrus an Jesus gerichtete Frage an: »Herr, wie oft muss ich meinem Bruder vergeben, wenn er an mir sündigt? Bis zu siebenmal?« Woraufhin er die Antwort bekommt: »Nicht siebenmal, sondern siebzig mal siebenmal.« Petrus verwendet in seiner Frage die Zahl Sieben im Sinne einer realen, nachzählbaren Mengenangabe. Dass mit einem Mal nicht auszukommen ist, so viel ist ihm offenbar klar. Aber wann ist es eigentlich genug? Wann ist »die Schmerzgrenze erreicht«? Wie oft muss man und ab wann nicht mehr? Wann ist auch einmal Schluss mit immer demselben?

Die Antwort, die Jesus gibt, hebt die Frage auf eine andere Ebene. Er greift die Sieben als reine Symbolzahl auf, indem er sie noch mit siebzig multipliziert. Sie ist ja das klassische Zahlensymbol für die Fülle, das Ganze, das Unbegrenzte. Das muss Petrus erst noch verstehen, dass es um das *Prinzip* des Vergebens geht, um Vergebung als eine lebensdienliche Grundeinstellung der unaufhebbar auf die Zwischenmenschlichkeit angelegten und angewiesenen menschlichen Existenz. Vergebung als Prinzip ist die stets neue Gegenkraft zu der mitunter so großen Kleinlichkeit des nachtragenden Rechthabens; des Nicht-vergessen-Könnens, weil nicht vergessen Wollens; des chronischen Gekränktseins; des jahrelang nicht miteinander Redens; des am Ende gar füreinander Gestorbenseins.

Letzteres, eine im gegebenen Falle nicht unübliche Ausdrucksweise, gibt besonders deutlich zu erkennen, dass Vergebung als Grundgestimmtheit jedoch nur in dem Maße lebensdienlich wirksam werden kann, in dem sie sich zwischen Menschen tatsächlich abspielt und zu einem Teil der Lebenswirklichkeit wird zwischen Einzelnen wie auch Menschengruppen. Das ist es ja, was sich bei der Heilung des Gelähmten, seiner Rückkehr ins gemeinsame Leben auf das Wort hin: »Deine Sünden sind dir vergeben«, in so erstaunlicher Weise abspielt (siehe oben, Kapitel 1). Woraufhin die kaum fassbare Erkenntnis lautet, Gott habe »solche Macht den Menschen gegeben« (Mt. 9, 7). Um diese Macht als Friedens- und Lebensstiftung unter den Menschen geht es und nicht um die Tilgung von Ungehorsam gegen einen gekränkten göttlichen Gebieter.

Es ist dieser Vers des Matthäusevangeliums mit seiner Aussage eine der kirchlich am meisten übersehenen, in ihrer Bedeutung geradezu missachteten Bibelstellen überhaupt. Was sich hinreichend damit erklärt, dass seine Ansage auf nichts Geringeres hinausläuft als auf die Entbehrlichkeit, ja geradezu Fragwürdigkeit der Vermittlung von Vergebung durch den Klerus der Kirche in Gestalt von vorgeblich ihm exklusiv übertragenen sakramentalen Handlungen, durch die allein der durch das Sühnopfer Christi erworbene Vergebungsschatz den

129

»Gläubigen« zuteil wird. Wie könnte dabei der Gefahr zu entrinnen sein, dass der kirchlich-kultische Vorgang der sonntäglichen Messfeier an die Stelle der tatsächlichen Lebenswirklichkeit tritt? In ihr allein aber kann sich Vergebung als wahrhaft notwendiges Element gelebten Lebens nur abspielen.

Denn die Frage, die der Schriftsteller Hermann Kesten aufgeworfen hat, hat ihr unbestreitbares Recht, welche Moral eigentlich jemand vertrete, der »seine Schuld bezahlen lässt durch den Opfertod eines anderen«. In keinem Werk eines christlichen Theologen wird man diese Frage aber in dem Sinne, in dem Kesten sie gestellt hat, wiederfinden. Wo das Neue Testament schließlich so reichlich Ethisches enthält. Auf Fragen, die gar nicht erst gestellt werden, kann es aber bekanntlich auch keine Antworten geben. Deshalb: Könnte es sein, dass die Briefliteratur des Neuen Testaments so voll von Erörterungen und Einschärfungen christlicher Moral ist, weil sich eine solche gerade nicht ganz selbstverständlich aus der Botschaft ergibt, dass Christus »sich selbst für uns gegeben hat als Gabe und Opfer, Gott zu einem lieblichen Geruch« (Epheser 5, 2)?

Was sich jedenfalls bei der Sichtung des eigenen Umgangs des zum Sühnopfer erklärten Nazareners mit dem Problem von Schuld und Vergebung zeigt, ergibt ein anderes Gottesverständnis. Hubertus Halbfas hat es in seinem bemerkenswerten Büchlein »Glaubensverlust« (2011) sehr treffend zusammengefasst: »Eine kultische Stellvertretung, wie sie sich in Tieropfern darstellt, liegt auf einer Ebene, die Jesus fremd ist. Was sich die Menschen in der Liebe schuldig bleiben, verlangt gegenseitige Vergebung – Feindesliebe nicht ausgenommen –, lässt sich aber nicht durch Sühnopfer löschen.«

»... so verurteile ich dich auch nicht«

Die Entwicklung der kirchliche Dogmatik durch die Jahrhunderte hat wohl zu keiner Thematik das Gottesverständnis, für das Jesus stand, so sehr verdunkelt wie zu der von Schuld und Vergebung. Es ist das schon daran abzulesen, dass im jesuanischen Reden und Handeln Sünde und Vergebung nicht wie im kirchlichen das alles strukturierende Zentralthema ist. Dies ist auch bei ihm eine zweifellos wichtige, aber nur eine unter verschiedenen Frage- und Infragestellungen des menschlichen Daseins, die er im Sinne von Einfachglauben transparent macht. Armut und Reichtum etwa sind, wie zu sehen war, bei Jesus ein Kapitel, dessen Bedeutung dem Vergebungsthema mindestens gleichkommt.

Insbesondere aber werden gerade bei diesem Thema alle Intentionen Jesu verfehlt, wenn Sünde, Schuld und Vergebung als ein Komplex gesehen werden, der allein zwischen dem Einzelnen und (seinem) Gott spielt. Viel zu groß ist Gott für Jesus und viel zu umfassend seine Barmherzigkeit, als dass er selbst in seiner Befindlichkeit durch menschliches Fehlverhalten tangiert sein könnte. Schuldig wird man allein an seinem Nächsten. An ihm vorbei sündigen allein gegen Gott kann man nicht; dieser Gedanke ist Jesus völlig fremd. Gott dienen am Mitmenschen vorbei ist sinnlos, kann man nicht. Weshalb es in der Bergpredigt zum Thema Opfern heißt: »Wenn du deine Gabe auf dem Altar opferst und dir dabei einfällt, dass dein Bruder etwas gegen dich hat, so lass deine Gabe dort vor dem Altar liegen und geh zuerst hin und versöhne dich mit deinem Bruder, und dann komm und opfere deine Gabe« (Mt. 5, 23). Denn nun erst sind sie wieder so fest ineinander verwoben, wie sie allein lebensdienlich sein können: die Beziehung zu Gott und die zum Mitmenschen.

Auch der Deutschen Bischofskonferenz nachzusagen, dass sie das begriffen habe, fällt schwer angesichts der Art, in der sie die Aufarbeitung ihres Umgangs mit den zahlreichen klerikalen Missbrauchsfällen in der Vergangenheit betreibt. Im März 2011 vollzog sie mit dem »Kniefall von Paderborn« einen öffentlichen Bußakt, zu dem man sich demonstrativ durch einen speziell für bekennende Sünder bestimmten Nebeneingang in den Paderborner Dom begab zum Scham- und Schuldbekenntnis vor einem mittelalterlichen Kruzifix, dem Symbol schlechthin für den Erwerb der Gnade Gottes durch das Sühnopfer

131

des Gottessohnes. Vor dem Haupteingang des Doms waren gleichzeitig Missbrauchsopfer versammelt, darunter ein Priestersohn, der als Kind zum Zwecke der Vertuschung seiner väterlichen Herkunft in einem kirchlichen Heim verborgen wurde und dort 14 Jahre lang Prügelstrafen und sexueller Gewalt ausgesetzt war. Das Szenarium glich aufs Haar der Situation, die bei Jesus in der Bergpredigt beschrieben ist. Den Weg hinaus vor die Tür zu den Opfern aber hat in Paderborn keiner der Bischöfe gefunden. »Original und Fälschung« könnte man den Vergleich auch betiteln und Hermann Kestens Frage erneuern, welche Moral es eigentlich bedeutet, wenn man seine Schuld bezahlen lässt durch den Opfertod eines Dritten.

Mit welcher Konsequenz Jesus Sünde und Vergebung in eine rein horizontale Perspektive rückt, dafür steht am eindrucksvollsten die mit »Jesus und die Ehebrecherin« überschriebene Episode am Anfang von Kapitel 8 des Johannesevangeliums. Handschriftenfunde weisen aus, dass es sich bei diesem Textabschnitt um eine nachträgliche Einfügung in das circa ein Jahrhundert nach dem Tode Jesu niedergeschriebene Evangelium handelt, dessen Jesusreden schwerlich als historisch original gelten können. Der Text Johannes 8, 1-10 aber zeigt in Wortwahl und Stil große Nähe zum Markus- und Lukasevangelium. Dies lässt wie auch die Tatsache, dass die Johannesüberlieferung ihn trotz seiner Andersartigkeit nicht hat fallen lassen, auf ein hohes Alter und die Wiedergabe einer möglicherweise historischen Begebenheit schließen.

Jesus befindet sich, so wird hier erzählt, frühmorgens schon im Tempel, und es versammelt sich eine große Zuhörerzahl um ihn. Wie stets sind seine Reden inhaltlich ein Ärgernis für die »Schriftgelehrten und Pharisäer«. Denn sie bringen ihn auch hier gezielt in eine provokative Testsituation, indem sie eine Frau herbeibringen und in die Mitte stellen, die man »beim Ehebruch ergriffen« hat. Für Ehebruch aber war nach 3. Mose 20, 10 die Todesstrafe vorgesehen und im Falle des sexuellen Verlobungsbruchs nach 5. Mose 22, 23 die Steinigung als Hinrichtungsform. Das Interesse der Pharisäer und Schrift-

gelehrten kann in diesem Falle allerdings gar nicht dahin gehen, die
überführte Frau möglichst umgehend hinzurichten. Denn das wäre
nicht durchführbar gewesen, weil die Berechtigung zur Vollstreckung
von Todesurteilen allein der römischen Besatzungsmacht vorbehalten war. Die Aktion ist vielmehr ganz auf Jesus gerichtet, dessen Art
des Umgangs mit Sündern und Außenseitern man nicht billigen kann.
Ihn fordert man nun zum Urteil in diesem eindeutigen Fall heraus in
der Hoffnung auf eine Reaktion, durch die er sich als einer entlarvt,
der sich selbst über das Gesetz Gottes stellt. »Aber Jesus bückte sich«,
heißt es nun, »und schrieb mit dem Finger auf die Erde.« Eine Geste
der demonstrativen Gleichgültigkeit gegenüber dem geilen Interesse
an der Sünde anderer.

Als die Eiferer aber weiter hartnäckig auf Antwort dringen, erhebt
er sich und konfrontiert sie seinerseits mit einer Herausforderung.
Von der juristischen Ebene wechselt er auf die moralische, woraufhin
er die Richtung ihres Urteilens umkehren kann gegen sie selbst: »Wer
von euch ohne Sünde ist, der werfe den ersten Stein auf sie.« Dann
bückt er sich erneut und schreibt weiter auf die Erde. Am Triumph des
Rechtbehaltens durch diese entwaffnende Aufforderung ist er nicht
interessiert. Sie entfernen sich daraufhin alle, die Ältesten zuerst, deren Lebenserfahrung ihnen am ehesten Einsicht in die Wahrheit erlaubt, um die es hier geht. Als Jesus dann wahrnimmt, dass niemand
übrig geblieben ist, die Frau zu verurteilen und hinzurichten, sagt er
zu ihr: »So verurteile ich dich auch nicht. Geh hin und sündige von
nun an nicht mehr.«

Wohlbemerkt: Die Sünde wird Sünde genannt und nicht vergleich-
gültigt. Aber sie wird aus der Vertikalen in die Horizontale verlagert,
woraus sich für ihre Bewältigung eine ganz neue Struktur und Perspektive ergibt. Nicht an Gott, sondern aneinander werden Menschen
schuldig, und weil niemand davon frei ist, hat auch niemand ein Recht
zu einem Strafhandeln an seinem Mitmenschen im Namen Gottes. Es
ist original jesuanischer Geist, der in dieser im Johannesevangelium
aufbewahrten Überlieferung solches tödliche Strafhandeln von ei-

nem neuen Gottesverständnis her in die Religionsgeschichte verweist.

Auch bei Paulus ist das bewusst, wenn er zum Beispiel an die Gemeinden in Galatien schreibt: »Liebe Brüder, wenn ein Mensch etwa von einer Verfehlung ereilt wird, so helft ihm wieder zurecht mit sanftmütigem Geist, ihr, die ihr geistlich seid, und sieh auf dich selbst, dass du nicht auch versucht werdest« (Gal. 6,1). Auch hier ist klar und die Grundlage des Ratschlags, dass niemand sündenfrei ist. So können sich, wenn sich das zeigt, in der Gemeinde nie Gerechte und Ungerechte gegenüberstehen, sondern immer nur Menschen, die für ein menschengerechtes Miteinander gemeinsam darauf angewiesen sind, sich an der Barmherzigkeit Gottes auszurichten. Auch hier ist es die Horizontale, in der sich allein abspielt, was Vergebung heißt, von Paulus wunderbar beschrieben als »zurechthelfen mit sanftmütigem Geist«. Diesen Geist atmet auch der 1. Thessalonicherbrief, das älteste der erhalten gebliebenen Schreiben des Apostels, zum Beispiel in Kapitel 5, 15: »Seht zu, dass keiner dem anderen Böses mit Bösem vergelte, sondern jagt jederzeit dem Guten nach untereinander und gegenüber jedermann.«

Letzteres macht klar, dass es um ein Prinzip geht, das nicht nur innerhalb der christlichen Gemeinde wirksam zu werden vermag, sondern auch darüber hinaus seine Wahrheit unter Beweis stellen kann; Widerlegung statt Vergeltung des Bösen: »Lass dich nicht vom Bösen überwinden, sondern überwinde das Böse mit Gutem« (Röm. 12, 21). In außergewöhnlich schwerwiegenden Fällen von Betroffensein mag es dem Einzelnen allerdings einfach zu viel abverlangen, Vergeltungsverzicht auch innerlich zu bejahen. Übermenschliches kann im Namen eines barmherzigen Gottes nicht die Erwartung sein. Um Mensch zu bleiben, kann es aber auch ein menschliches Recht, an die Stelle Gottes zu treten und in seinem Namen vergeltend zu handeln, christlich nicht geben.

In dem Maße aber, in dem sich die Kirche wandelte zur Gott repräsentierenden, für ihn handelnden Institution, wurden Schuld und

Vergebung wieder in die vertikale Perspektive gerückt. Folglich wird es wieder als ein Geschehen abgehandelt, das seinem Wesen nach wenn nicht allein, so doch hauptsächlich zwischen den Menschen und Gott spielt. So kommt dann wieder die Möglichkeit zustande, »mit Gott im Reinen« zu sein, mit seinem Mitmenschen, mit dem man im Konflikt lebt, zugleich aber nicht und dennoch ein »guter Christ« zu sein. Der »Paderborner Kniefall« der deutschen Bischöfe lässt sich hier einordnen. Aber nur so konnte eine mit größtmöglicher Macht ausgestattete Kirche zustande kommen, woran die Theologen, die die dazu passende Lehre formulierten, als Kleriker auch das größtmögliche Interesse hatten. Denn sie werden nun den »Gläubigen« gänzlich unentbehrlich für den sakramentalen Erwerb der Vergebung Gottes durch das Sühnopfer Christi. Und dies ist nun einmal die entscheidende Voraussetzung für nichts Geringeres als das ewige Leben.

Unter dieser erneuten Verkehrung der Perspektive war es dann auch möglich, bestimmte Verhaltensweisen zur Sünde oder gar zur besonders gefährlichen, »schweren Sünde« zu erklären, obwohl sie ihrer Natur nach zwischen Mensch und Mitmensch gar nicht spielen können. Musterbeispiel dafür ist die Onanie, mit der von den Klerikern der Kirchen jahrhundertelang die Gewissen pubertierender Jugendlicher drangsaliert wurden. Von Jesus wie von Paulus her betrachtet ist ihre Qualifizierung als Sünde aber gar nicht möglich.

Der Vorrang der vertikalen Gehorsamsperspektive als Sinngebung der Gebote Gottes prägt bis heute auch die Reaktionsweise des Staates auf Verletzungen gesetzlicher Normen. Analog zur Position Gottes im kirchlichen Sündenverständnis definiert die Strafrechtslehre den Staat als das eigentliche Tatopfer krimineller Handlungen, indem diese konsequent als Verletzungen der staatlichen Rechtsordnung abgehandelt und abgeurteilt werden. Regulierung der Beziehung zwischen Täter und Tatopfer einschließlich der Behebung materieller Tatschäden bleibt dagegen aus dem Strafrecht weitgehend ausgeklammert.

Analog zu den Bußleistungen, die der Priester im Beichtstuhl dem Sünder für seine Verfehlungen auferlegt, verhängt der Strafrichter eine Geld- oder Freiheitsstrafe, die er im gesetzlich vorgegebenen »Strafrahmen« für der »Tatschuld« angemessen hält. Erlittenen Schaden kann das Tatopfer nur zivilrechtlich einklagen. Das aber ist nur selten mit Aussicht auf ein positives Ergebnis möglich, weil der Staat ja durch sein Strafhandeln den Täter – je härter bestraft, desto mehr – daran hindert, Wiedergutmachung von angerichtetem Schaden leisten zu können. In welchem Maße Gefängnisse zudem Rückfälle produzieren, ist hinreichend bekannt. In Bezug auf alle Eigentumsdelikte, die die ganz überwiegende Mehrzahl der Straftaten ausmachen, kann man das geltende Strafrecht also durchaus als ein absurdes System bezeichnen, das die Schäden, auf die es sich bezieht, nicht bewältigt, sondern selbst noch zu reproduzieren hilft. Allein im Falle von Taten, die in einem ernst zu nehmenden Sinne als gefährlich zu gelten haben, weil sie gegen die Gesundheit oder das Leben von Menschen gerichtet sind, ist Freiheitsentzug sachlich gerechtfertigt, sofern Wiederholungsgefahr prognostiziert werden muss.

Bemerkenswerterweise belegt die Altes Testament genannte Hebräische Bibel für das Alte Israel ein Strafrecht im heutigen Sinne nicht. Die als »Bundesbuch« bezeichneten Kapitel 21 bis 23 des 2. Buchs Mose legen für das »Torgericht«, das bei Bedarf die Oberhäupter der angesehensten Familien eines Ortes bilden, ausschließlich Regelungen zur Schadenswiedergutmachung fest. Beispiele: Wessen Vieh unrechtmäßig das Feld eines anderen abweidet, hat diesem das Beste vom Ertrag seines Feldes oder Weinbergs abzugeben.

Wer Vieh stiehlt, es schlachtet oder verkauft, hat für ein Rind fünffachen, für ein Schaf oder eine Ziege vierfachen Ersatz zu leisten. Wer im Streit einem anderen eine Körperverletzung zufügt, die ihn arbeitsunfähig und pflegebedürftig macht, hat für den Verdienstausfall und das »Arztgeld« aufzukommen.

Nicht Bestrafung als vergeltende »Zufügung eines Übels«, wie die kirchlich unwidersprochene Sinngebung von Strafe lautet, sondern angemessene Schadenswiedergutmachung ist hier das Prinzip. Reale Wiederherstellung von sozialem Frieden ist das Ziel. Nichts wird im Namen Gottes vollzogen, alles geschieht auf sehr nüchterne, pragmatische Weise in der horizontalen Erstreckung gemeinsamen menschlichen Lebens und seiner Konflikte. Rein schiedsgerichtlich werden diese im Torgericht abgehandelt. Das biblische Hebräisch kennt dementsprechend kein sprachliches Äquivalent für unseren heutigen Begriff der Strafe. Die berühmt-berüchtigte Formel »Auge um Auge, Zahn um Zahn« hat, wenn sie zur Entstehungszeit des Bundesbuchs überhaupt noch von Bedeutung ist, lediglich die Funktion einer Leitlinie für die Bemessung von ausgewogenen Wiedergutmachungsleistungen. So ist darin beispielsweise festgeschrieben, dass der Besitzer eines Sklaven, wenn er diesem im Zorn ein Auge oder einen Zahn ausschlägt, ihn daraufhin freizulassen hat. Die »Talionsformel« kommt also gerade nicht im wörtlichen Sinne zur Anwendung, sondern im übertragenen: Dem auf Dauer bestehenden Schaden steht mit der Freilassung eine Maßnahme als Wiedergutmachung gegenüber, die ihrerseits dauerhaft wirksam ist.

Sollte die Vergeltungsformel aber in einer archaischen Frühzeit der Menschheitsgeschichte tatsächlich einmal im Wortsinne gegolten haben, so legt sich von der Tradition des Bundesbuchs her die Vermutung nahe, dass sie auch in dieser Zeit nicht den Sinn der Anstachelung von Vergeltungshandeln hatte, sondern als eine Schutzformel gedacht war. Sie hätte dann eine Art von Sicherung dargestellt gegen das bis heute wahrnehmbare Phänomen der Neigung von Gegenaggressionen zum Überschießen: für ein Auge also nicht zwei, sondern ebenfalls nur eins! Eskalationsverhinderung wäre dann der letztlich auch hier friedensdienliche Zweck.

Nicht zu übersehen ist allerdings, dass das Alte Testament auch einen Katalog von todeswürdigen Vergehen kennt: Mord, Menschenraub, Schlagen oder Verfluchen der Eltern, Ehebruch und Vergewaltigung. Mit diesen Delikten wird offenbar eine göttliche, als heilig angesehene Sphäre tangiert. Jahwe gilt damit als unmittelbar betroffen, was bei einer quasi magischen Sicht des Heiligen automatisch die Auslöschung des Täters zur Folge hat. Schon bloßer Kontakt mit dem Heiligen ist in dieser Vorstellungswelt lebensgefährlich: »Weh mir, ich vergehe, denn ich bin unreiner Lippen [...] und habe den König, den Herrn Zebaoth, mit meinen Augen gesehen«, heißt es aus dem Munde des Propheten Jesaja in der Wiedergabe seiner Berufungsvision in Jesaja 6, 1-7. Auch Jesaja, obwohl von Gott auserwählt, muss daraufhin erst durch einen Engel, der seine Lippen mit glühender Kohle berührt, entsühnt werden.

Jesus aber ordnet in Johannes 8 auch den Bereich der mit diesem Hintergrund als todeswürdig begründeten Vergehen seinem Gottesbild unter, das man von daher aufgeklärt nennen könnte. Auch diese Art von Delinquenz und ihre Bewältigung wird in die horizontale Sphäre des Zwischenmenschlichen eingeordnet. Die ist in der heutigen Gesellschaft allerdings weithin geprägt durch die vorgebliche Wahrheit des Satzes »Strafe muss sein«. Er gehört zu den auch kirchlich kaum je hinterfragten Selbstverständlichkeiten. Dabei ist das ein durchaus leicht widerlegbares Prinzip. Nur eines von etlichen Argumenten: Gäbe es anstelle des Strafrechts eine Kriminalitätsbewältigung durch ein staatlich kontrolliertes Wiedergutmachungsrecht, so lautete das letzte Wort über den »Straftäter« nicht: »Er hat gesessen«, sondern, »Er hat es wiedergutgemacht.« Dies entspräche dann der Art, in der Jesus auf Sünder und Außenseiter zugegangen ist. Es kann also auch in diesem Zusammenhang noch viel Gutes aus Nazareth kommen, Bereitschaft vorausgesetzt, von dem Nazarener wirklich zu lernen.

8. Einfach glauben – einfach leben

Quantität oder Qualität?

Mit dem Namen eines bekannten Schriftstellers ist oft ganz fest der Titel eines ganz bestimmten Werkes aus seiner Feder verbunden, der einem immer als Erstes zu ihm einfällt, wenn sein Name genannt wird: zu Thomas Mann »Buddenbrooks«, zu Günter Grass »Die Blechtrommel«. Im Falle des 1950 verstorbenen Dichters Ernst Wiechert ist das sein Roman mit dem Titel »Das einfache Leben«. Auf dem Klappentext einer Neuauflage von 2002 ist zu lesen, dieser Roman erzähle »von der Kraft, die in einem einfachen Leben liegt« und wie sie Antwort finden lasse »auf die Fragen einer wirren Zeit«.

Diese »wirre Zeit«, in der die Handlung des Romans spielt, ist die Zeit unmittelbar nach Ende des Ersten Weltkriegs, eine Phase der deutschen Geschichte, die durch vielfältige Umwälzungen geprägt ist, nicht zuletzt durch den Übergang von der Staatsform der Monarchie zu der einer Demokratie. Der Publizist und Zeitzeuge Peter Bamm hat in seinen Lebenserinnerungen mit dem Titel »Eines Menschen Zeit« diese Jahre mit dem Satz charakterisiert: »Grandiose Unsicherheit ergriff uns.« Denn ein ausgeprägtes Krisenbewusstsein, wie man es vor dem Weltkrieg nicht kannte, beherrschte die Köpfe und Gemüter. Der vormals verbreitete Fortschrittsoptimismus des 19. Jahrhunderts hatte mit den ungeheuerlichen Erfahrungen des Weltkrieges alle Kraft verloren. Aller Fortschrittsglaube war gründlich unter die Räder einer Kriegsmaschinerie gekommen, die deutlich gemacht hatte, dass die Entwicklungen im Bereich von Naturwissenschaft und Technik noch ein ganz anderes Gesicht haben können als die Beförderung der

Menschheit zu neuen zivilisatorischen und kulturellen Höhen. Das Ende des Kaiserreichs, zahllose Kriegskrüppel, Unmassen von Gefallenenkreuzen und ein zum Teil im Wortsinne verpulvertes Volksvermögen waren das Ergebnis dieses Krieges. Von dessen Art und Länge hatte man keine angemessene Vorstellung, als er 1914 nicht nur angezettelt, sondern auch von allen Beteiligten höchst freudig begrüßt wurde. Nun war dagegen alles unvorstellbar anders gekommen.

Alle Bereiche des geistigen und kulturellen Lebens reagieren auf diese Situation. Unter denen etwa, die noch Gedichte schreiben, lassen viele die Endungen ihrer Verse sich nicht mehr reimen, wie es früher einmal zu den klassischen Merkmalen eines Gedichts gehörte. Das ungereimte Gedicht wird zum Spiegel der Zeitlage, in der sich nichts mehr noch zusammenreimt, wie es zuvor einmal schien. Mit Erich Maria Remarques Reportageroman »Im Westen nichts Neues« nimmt eine Antikriegsliteratur ihren Anfang, die sich durch das 20. Jahrhundert hin fortsetzen wird und in ihrer Art an keinerlei Vorläufer anknüpft.

Eine Personengruppe, die zu den besonders betroffenen der unmittelbaren Nachkriegssituation gehört, ist das ehemalige kaiserliche Offizierskorps, das nun größtenteils in einem zivilen Leben zurechtkommen muss. Ihm entstammten der Autor Ernst Wiechert wie auch der »Held« seines Romans, ein ehemaliger Marineoffizier. Dieser hat große und grundsätzliche Schwierigkeiten, sich nun im typischen Großstadtleben und den gesellschaftlich gehobenen Personenkreisen, denen er seiner Herkunft wegen angehört, den tieferen Lebenssinn zu finden, den er braucht und sucht. Denn er ist zutiefst bewegt durch ein bestimmtes Bibelwort. Dabei handelt es sich um die kritische Aussage des 90. Psalms, die lautet: »Wir bringen unsere Jahre zu wie ein Geschwätz.«

Das empfindet er als wahr schon in einer Zeit, die von massenhaftem elektronischen Kommunikationsmüll noch nichts wusste. Diese mögliche Wahrheit des Bibelworts aber soll seine Lebensbilanz nicht werden. Zur Alternative wird ihm deshalb ein Leben weitab vom

Großstadttrubel und seinen Scheinwelten, auf dem Lande – getrennt sogar von Frau und Kind –, wo er als Fischerei- und Jagdpächter ein kleines abgelegenes Haus bewohnt und ausschließlich seiner Hände Arbeit nachgeht. »Man kann leben davon«, wird ihm zuvor dazu gesagt, »bequem leben, wenn man einfach ist.« Das ist ihm genug, und es wird ein erfülltes, befriedigendes und sinnvolles Leben.

Was Wiecherts Romanfigur einen Weg aus der krisenhaften Desorientierung einer Nachkriegszeit finden lässt, erneuert sich in der zweiten Hälfte des Jahrhunderts in Gestalt des »Aussteigers« bzw. im Motiv des »Aussteigens«, einer Haltung der Verweigerung gegenüber dem gesellschaftlich Üblichen, das als sinnleerer Zwang oder auch als gefährlicher Irrweg empfunden wird. Und so lässt sich durchaus der Feststellung auf dem Umschlag der Ausgabe von Wiecherts Roman aus dem Jahre 2002 folgen, Ernst Wiecherts berühmtes Werk, heißt es dort, gewinne »in unserer Zeit eine neue bewegende Aktualität«.

Was zunächst an eine bestimmte historische Situation gebunden schien, erweist sich als ein zeitloses Thema: das einfache Leben. In fast allem, was sich mit dem Begriff des Ökologischen verbindet, kehrt es wieder und ist es bis heute virulent. »Alternativer Lebensstil« ist unter anderem ein Begriff in diesem Zusammenhang, der mehr noch als der des »Aussteigens« an Wiecherts Romantitel erinnert. Seine Hauptfigur ist – auch wenn die Bezeichnung bei ihm nicht vorkommt – nichts anderes als ein alternativer Aussteiger, der in einer Zeit, die als zutiefst krisenhaft erlebt wird, auf diese Weise neuen Sinn und neue Orientierung sucht und findet.

Was aber hat das mit unserer Thematik zu tun? Hat »einfach glauben«, Glauben im Sinne des Jesus aus Nazareth, auch eine perspektivische Bedeutung für das »einfache Leben«?

Der Journalist Franz Alt ist ganz entschieden dieser Auffassung, die er 1999 in einem Buch mit dem bemerkenswerten Titel »Der ökologische Jesus« dargestellt hat, wozu der Untertitel lautet: »Vertrauen in die Schöpfung«. Es ist gewiss problematisch, eine so direkte Verbindung herzustellen zwischen der 2000 Jahre alten Jesusüberlieferung und einem so modernen Begriff wie dem der Ökologie und allem, was sich damit an Fragestellungen verbindet. Und die Fachgelehrten der theologischen Fakultäten, auch die der »historisch-kritischen« Bibel-exegese, könnten sicher gegen manche Textdeutungen Alts gut begründete Einwände erheben. Einem solchen Autor, einem Journalisten, der sich auf ihr akademisches Feld wagt, verweigern Universitäts-theologen allerdings von vornherein die Zurkenntnisnahme, da sie gewohnheitsmäßig nur mit ihresgleichen im Gespräch sind. Oder ge-schieht es vielleicht aus dem Grund, dass ein Selbstverständnis vor-herrscht, das sich nicht recht vertragen will mit einem so deutlichen Bezug zu einem gesellschaftlichen Thema der Gegenwart? Indirekt lassen sich aber aus der Botschaft Jesu sehr wohl Gesichtspunkte ge-winnen zu der Problematik, um die es Alt mit großer Leidenschaft geht. Schließlich mangelt es bei Jesus ganz und gar nicht an Auseinan-dersetzungen mit Problemen seiner Gegenwart, die wir heute als »ge-sellschaftlich« zu bezeichnen gewohnt sind.

Alts Untertitel zu seinem Buch – »Vertrauen in die Schöpfung« – wäre allerdings in einer bestimmten Abwandlung glücklicher ge-wählt: »Vertrauen zum Schöpfer« wäre wohl die stimmigere Formu-lierung, wenn die tatsächliche Botschaft des Mannes aus Nazareth gemeint ist. Warum und wie für Jesus diese Botschaft begründet ist, liest er aber in der Tat an Vorgängen in der Schöpfung ab: »Sehet die Vögel unter dem Himmel an [...]. Seht die Lilien auf dem Felde« (Mt. 5, 26 ff.). Und die Botschaft »Sorgt euch nicht!«, die er aus dem Beispiel der Vögel und der Lilien ableitet, hat eine ganz unerhörte Seite darin, dass er sie historisch konkret an Menschen gerichtet hat, die reichlich Grund hatten, sich zu sorgen, weil sie ein Leben in großer materieller Unsicherheit zu führen hatten, ein von daher betrachtet weiß Gott einfaches Leben, das als solches zur Idealisierung nicht taugt.

Dass Jesus sich solchen Menschen zugeordnet hat und unter ihnen größtenteils seine Anhänger fand, ist der Überlieferung vielfach zu entnehmen. Die Brotbitte des Vaterunsergebets gibt, indem sie um das »tägliche Brot heute« bittet, zu erkennen, dass es unter den Menschen um Jesus herum offenbar eine erhebliche Zahl von Tagelöhnern gab. Ihnen hat Jesus ja mit der bemerkenswerten Erzählung vom Weinbergbesitzer in Matthäus 20 auch ein ganzes Gleichnis gewidmet. Die Brotbitte des Vaterunsers, am Morgen gebetet, ist für den Tagelöhner die Bitte, an diesem Tag Arbeit zu finden, um sich und die Seinen davon am nächsten Tag ernähren zu können. Mehr war für ihn mit einem Tag Arbeit nicht zu erwerben.

Gleichwohl mutet Jesus Menschen in solcher materiellen Lage die Aufforderung zu, sich nicht zu sorgen, nicht in Furcht aufzugehen beim Gedanken an den nächsten Tag mit seiner Ungewissheit; etwa darüber, ob man als Tagelöhner Arbeit finden wird oder nicht. Sondern ganz aus dem Vertrauen solle man leben, das er an anderer Stelle in die Worte fasst: »Bittet, so wird euch gegeben; suchet, so werdet ihr finden; klopfet an, so wird euch aufgetan« (Mt. 7, 7). Dabei wird die Lage, in der sich die Menschen befinden, zu denen Jesus spricht, auch nicht einfach übersehen, vielmehr ungeschminkt zur Kenntnis genommen, indem Jesus seine ausgiebigen Argumente gegen das Sorgen mit den Worten abschließt: »Es ist genug, dass ein jeder Tag seine eigene Plage hat« (Mt. 6, 34). Worum es also geht, ist die Einsicht: Es kann auf der einen Seite der materielle Überfluss in Abhängigkeit und Blindheit führen und an die Stelle der Beziehung zu Gott treten; der »reiche Kornbauer« in Lukas 12 ist ein Beispiel dafür. Auf der anderen Seite aber vermag großer materieller Mangel ganz ähnlich beherrschend mit ganz ähnlicher Wirkung zu werden.

Was ist dabei der Kern des Problems, der dann alle anginge, auch die vielen von uns heute, die sich weder zu den materiell Armen noch zu den Reichen zählen müssen? Vielleicht ist er für uns zu finden in einer begrifflichen Unterscheidung, die es in unserem allgemeinen Sprachgebrauch erst seit einigen Jahrzehnten gibt. »Lebensqualität« ist ein Begriff von heute selbstverständlicher Geläufigkeit. Vor gut 50 Jahren hat es ihn aber noch gar nicht gegeben. Und leider wird er heute mitunter gleichbedeutend gebraucht mit dem Begriff, dessen Infragestellung er ursprünglich einmal dargestellt hat. Denn er wurde – aus Amerika stammend – bewusst eingeführt als Gegenbegriff zu »Lebensstandard«, der bis dahin allein geläufigen Messlatte für den Wohlstand, zu dem es so erstaunlich gekommen war, obwohl man sich in Deutschland einmal mehr in einer Nachkriegszeit befand.

Lebensstandard, eine als Kaufkraft berechenbare Größe, das war einfach der Maßstab, mit dem die große, unerwartete Erfolgsgeschichte der Nachkriegszeit für die Menschen gemessen wurde, die man fast feierlich »Wirtschaftswunder« nannte und bis heute nennt. Einkommen und Konsumkraft kamen in diesem Begriff zum Ausdruck; einfach und konkret gesagt: was man sich aufgrund seiner Arbeitsleistung materiell leisten konnte. Ein rein quantitativer Begriff also, der sich in »Mark und Pfennigen« ausdrücken ließ und von daher auch bestens geeignet war für den Vergleich. Für den Vergleich zunächst und vor allem mit der Lage, wie sie gestern noch war, wie sie heute ist und wie sie morgen sehr wahrscheinlich noch besser sein wird. Der »Lebensstandard« taugte zugleich aber auch gut für den Vergleich mit der Lage in anderen Ländern, bei dem insbesondere diejenigen sehr schlecht abschnitten, die sich »sozialistisch« nannten. Der andere Teil Deutschlands mit Namen DDR war dafür das eklatanteste, weil hautnahe Beispiel. Neues und starkes, wenn auch nicht unproblematisch gegründetes Selbstbewusstsein ließ sich aus diesem Vergleich gewinnen, wie es zuvor mit dem Verlauf und Ausgang des Krieges verloren gegangen war.

Mit der Zeit aber entstand auch eine ganz neue Art von Unbehagen, das sich bis heute als ein Problembewusstsein erhalten hat: Was macht das mit uns als Menschen, diese Hingabe an die Zielsetzung, immer mehr zu leisten, zu haben und zu konsumieren? Bedeutet das stetige Wachstum der Quantitäten auch eine entsprechende Qualität des Lebens? Oder wird diese im Gegenteil sogar verringert? Ist jede Steigerung, jeder Zugewinn nur Gewinn? Oder hat er nicht auch einen Preis, der, auf die Dauer erbracht, den Gewinn auf einer anderen Ebene des Lebens in Verlust verwandelt?

Eine passende Lektüre wäre da vielleicht einmal wieder das Grimm'sche Märchen vom »Hans im Glück«. Es handelt ja von einem, der für sieben Jahre Arbeit als Handwerksgeselle in der Fremde von seinem Meister als Lohn einen Goldklumpen bekommt. Der wird ihm aber auf seinem weiten Heimweg, den er zu Fuß zurückzulegen hat, zum Problem. Er macht deshalb ein Tauschgeschäft mit ihm, um seine Last loszuwerden, aber ein ziemlich schlechtes, das ihm dann wiederum zur Last wird; und so tauscht er weiter und weiter auf seinem Weg und wird dabei jedes Mal von anderen, die gewitzter sind als er, betrogen. Schließlich bleibt auf diese Weise von seinem Goldklumpen nichts mehr übrig. Er aber findet sich nun endlich einen vollkommen glücklichen Menschen. »Mit leichtem Herzen und frei von aller Last«, so lautet das Ende des Märchens, »sprang er nun fort, bis er daheim bei seiner Mutter war.« Die wird ihn auf jeden Fall freudig begrüßen und das Notwendigste zum Leben wird er bei ihr immer finden. Er wird »zu Hause« sein.

Wenn sie nicht notwendig verknüpft ist mit dem Lebensstandard, was macht sie dann eigentlich aus, die Lebensqualität? Nach der immateriellen Seite des Lebens wird mit diesem Begriff perspektivisch gefragt. Denn auch ohne die materiellen Dinge einfach geringzuschätzen, kann sich der Erkenntnis wohl niemand entziehen, dass das zum Leben Wichtigste immaterieller Art und folglich nirgendwo zu kaufen ist. Nichts kann das auch hier so treffend verdeutlichen wie ein Blick auf den oben, am Ende von Kapitel 4 schon einmal reflektierten Begriff der »käuflichen Liebe«, weil er zum Glück so leicht zu durchschauen ist.

Die besser getarnten Gefahren aber, die vielleicht unbemerkt längst vorhandenen Beeinträchtigungen des Lebens von seiner materiellen Seite her, werden allerdings zu einem wirklich ernsthaften Thema, das sich mit guten Gründen immer wieder anbietet. Etwa dadurch, dass man spürt, wie viel Druck Kindern schon auferlegt wird, wenn sie mit der Erwartung konfrontiert sind, durch möglichst gute Schulleistungen früh schon den Grund zu legen für die künftige Aufrechterhaltung des erworbenen Wohlstandsniveaus. Wer könnte nicht ahnen, dass es das wohl eher nicht ist, was Kinder als Kinder am ehesten brauchen? Welches Maß an Verlustangst bringt das Wachstum des Reichtums zugleich mit hervor? Wie ist damit fertig zu werden? In welche Abhängigkeiten ist man vielleicht längst geraten, ohne es recht zu merken, weil sie so leicht nicht zu durchschauen sind?

»Wir alle sind in den Händen von Händlern« hat der scharfsinnig-fromme Hanns Dieter Hüsch einmal in seiner kabarettistischen Einführung zu einer Kirchentagsveranstaltung formuliert. Über die, die er damit wohl meinte, hat Erich Kästner gedichtet: »In ihren Händen wird aus allem Ware. In ihrer Seele brennt elektrisch Licht. Sie messen auch das Unberechenbare. Was sich nicht zählen lässt, das gibt es nicht.«

Von dem Wort Angst lässt sich zwar auch der Plural Ängste bilden, aber auszählen und daraufhin mit einer zu berechnenden – womöglich käuflichen – Dosis Gegenmittel überwinden lässt sie sich nicht. Angst kann sehr schwer lasten, ein messbares Gewicht hat sie jedoch nicht. Ganz schwer lässt sie sich deshalb einfach greifen und beiseite tun, »entsorgen«. Glauben als fundamentales Vertrauen aber birgt eine umso wichtigere Verheißung von Angstfreiheit in sich. Unter anderem deshalb, weil eine Beziehung zu den materiellen Dingen des Lebens möglich wird, die nicht darin das Leben selbst meint finden zu können, sondern aus einer bestimmten Distanz innerlich unabhängig mit ihnen umgeht und es deshalb auch von vornherein nicht als Verlust erlebt, wenn vernünftigerweise angesagt ist, einen Verzicht zu leisten. Oder wenn geradezu im Wortsinne die Notwendigkeit gegeben ist, vom Eigenen auch anderen etwas zuzuwenden. Freiheit von Furcht ist sowohl Voraussetzung wie zugleich der sie immer wieder erneuernde Ertrag einer solchen Haltung.

Verzicht als Gewinn

Franz Alt handelt in seinem oben erwähnten Buch ausgiebig und hoch engagiert über eine Thematik, von der niemand sagen kann, er habe mit ihr nichts zu tun, weil sie prinzipiell außerhalb seiner persönlichen Verantwortung liege. Woraufhin sie ja leicht der alleinigen Zuständigkeit von Politik zugewiesen werden könnte oder einem Phänomen mit der Bezeichnung »die Gesellschaft« überantwortet werden, einem Etwas, das als ein handelndes Subjekt gar nicht existiert, nie als verantwortlich greifbar wird. Worum es geht, ist die pervertierte Beziehung zwischen Mensch und Tier in Gestalt der industriellen Nahrungsmittelproduktion durch Massentierhaltung. Wofür als wohl bekanntestes, aber keineswegs einziges Beispiel die Haltung von Legehennen in Einzelkäfigen mit einer Grundfläche von der Größe eines DIN-A4-Blattes steht.

Franz Alt zitiert dazu einen ihm persönlich bekannten Theologen, der ihm gesagt habe, im Neuen Testament gebe es keinerlei Hinweise darauf, dass Jesus Tiere geliebt habe. Dazu ist zunächst anzumerken, dass es sich dabei um eine mindestens tendenziell fundamentalistische Argumentationsweise handelt, die zu Ende gedacht etwa auch bedeuten könnte, es zu einer christlichen Hauptforderung zu machen, ohne festen Wohnsitz zu leben: »Die Füchse haben Gruben und die Vögel unter dem Himmel haben Nester, aber der Menschensohn hat nichts, wo er sein Haupt hinlege« (Mt. 8, 20; Lk. 9, 58). Es trifft zwar zu, dass in der Jesusüberlieferung die Beziehung von Mensch und Tier nicht thematisch behandelt wird. Und gäbe es das, so wäre es unwahrscheinlich, dass Jesus das Gebot der Nächstenliebe auf Menschen wie Tiere gleichermaßen bezogen hätte. Aber was besagt das schon? Kann man Jesus in eine gesetzlich-autoritäre Position bringen, die als ethisch relevant nur gelten lässt, wozu er sich direkt geäußert hat? Wie viele unserer modernen Probleme fielen dann einfach unter den Tisch oder müssten unsinnigen Lösungen zugeführt werden? Das Niveau, auf dem sich der von Alt zitierte Vertreter der Theologie bewegt, hat etwas Erschreckendes.

Tiere spielen in dem Bildmaterial der Reden Jesu – insbesondere in einigen der bekanntesten – aber sehr wohl eine erhebliche Rolle, aus der sich gewisse Schlüsse ziehen lassen. Das schon erwähnte berühmte Wort etwa über die Vögel unter dem Himmel im Abschnitt der »Bergpredigt« über das Sorgen gewinnt seine Aussage und seinen Sinn ja gerade daraus, dass für Jesus Gottes Schöpfung offenbar eine Struktur der Fürsorge für alles Leben aufweist: »Sie säen nicht, sie ernten nicht, und euer himmlischer Vater ernährt sie doch.« Zugleich aber wird die Tatsache, dass es kein Leben gibt, das nicht auf dem Absterben anderen Lebens beruht, nicht geleugnet: »Kauft man nicht zwei Sperlinge für einen Groschen? Und doch fällt keiner von ihnen auf die Erde ohne euren Vater« (Mt. 10, 29). Umfassend und alles durchdringend in seiner Schöpfung wirksam und erkennbar ist Gott.

Dieser mit dem Vaterbild beschriebene Schöpfer und Erhalter des Lebens ist auch gemeint in einer Rede Jesu über einen Schafherdenbesitzer: »Was meint ihr? Wenn ein Mensch hundert Schafe hätte und eins von ihnen sich verirrte: Lässt er nicht die 99 auf den Bergen, geht hin und sucht das verirrte? Und wenn er's findet, wahrlich, ich sage euch. Er freut sich darüber mehr als über die 99, die sich nicht verirrt haben« (Mt. 18, 12-14; Lk. 15, 4-7). Aus dem Kontext bei Matthäus und Lukas wird völlig klar, dass hier von Gott in seiner Beziehung zu den Menschen die Rede ist. Aber zum Argument kann der Vergleich, zu dem Jesus greift, ja nur werden, indem klar ist und als selbstverständlich gilt, dass der Hirte unter dem Anspruch einer fraglosen Fürsorge für seine Schafe steht, die es nicht zulässt, das eine verirrte Schaf seinem Schicksal zu überlassen, weil die übrigen 99 ja immer noch eine stattliche Herde darstellen. Der Mensch als Hirte, als Viehzüchter ist also in die Fürsorgestruktur der Schöpfung Gottes mit einbezogen. Dass er Nutztiere hält, wird nicht infrage gestellt, gilt offenbar als selbstverständliche Normalität. Aber ebenso selbstverständlich ist, dass er zu diesen Tieren eine Beziehung der Fürsorge pflegt.

Dieser wesentlichen Schlussfolgerung entspricht das, was in heutiger Massentierhaltung vorherrschend ist, in keiner Weise. Und dasselbe ist zu sagen über die mit dieser Form der Tierhaltung vielfach verbundenen Massentiertransporte, die das Krepieren eines bestimmten Prozentsatzes von Tieren durch Verdursten oder Stress in Kauf nimmt. Letzterer Ausdruck ist hier besonders passend. Denn es ist die rein ökonomische Betrachtungsweise, die das alles hervorbringt und zulässt. Die Mast etwa von Puten bis zur qualvollen Bewegungsunfähigkeit hat mit Fürsorge nicht mehr das Geringste zu tun. Sie dient ausschließlich der Gewinnmaximierung, einer Orientierung, die von der Rechtsordnung in diesem Zusammenhang auch als »niederes Motiv« eingestuft werden könnte.

Verantwortung gegenüber diesen Missverhältnissen wahrnehmen kann allerdings jeder. Denn als Verbraucher an den Dingen beteiligt sind alle, und das täglich neu. In einer Wettbewerbswirtschaft, wie sie weitgehend vorherrscht, ist die »Verbrauchermacht« keineswegs eine rein theoretische Größe. Als vor nunmehr schon Jahrzehnten der sogenannte ökologische Landbau seine ersten Schritte tat, wurde er mehr oder weniger belächelt als eine Art Hobby einiger mehr oder weniger weltfremder Idealisten, denen zu folgen sogar mit Gefahr für die ausreichende Ernährung der Bevölkerung verbunden wäre. Wer beim »Demeter«-Bäcker sein Brot kaufte, konnte sich auch wie ein Sektenangehöriger vorkommen. Verbraucheraufklärung und ein entsprechend gewachsenes Verbraucherinteresse haben jedoch inzwischen dazu geführt, dass es sich keine Supermarktkette mehr leisten kann, keine Bio-Produkte zu führen. Skandale der Nahrungsmittelwirtschaft, wie sie mit Begriffen wie »Schweinepest«, »Rinderwahn« oder »Dioxin« verbunden sind, haben diese Entwicklung weiter befördert. Das stark gewachsene Interesse zeigt zudem, dass die damit einhergehenden Preisanstiege zumindest der breiten Schicht der Bezieher mittlerer Einkommen auch zumutbar sind. Zumal sie sich bei wachsender Nachfrage auch wieder abflachen.

Hinsichtlich des fast täglichen millionenfachen Fleischverzehrs, der seit Langem zur Normalität geworden ist, befindet sich eine vergleichbare Entwicklung allerdings noch in ersten Anfängen. Um sie voranzubringen, könnte es sich als wichtig erweisen, nicht eine konsequent vegetarische Ernährung als die allein richtige, allein infrage

149

kommende Alternative zu propagieren. Die christliche Botschaft ist nicht als eine der asketischen Weltverneinung zu verstehen. Wofür man schließlich, will man sich wie Franz Alt an Jesus orientieren, auch die Überlieferung der Evangelien nicht in Anspruch nehmen kann. Nicht nur, dass man Jesus offenbar einen Fresser und Weinsäufer genannt hat (Mt. 11, 19), was als üble Nachrede nicht möglich gewesen wäre, hätte er in irgendeiner Weise asketisch gelebt. Noch mehr aber ist auf das berühmte Gleichnis vom verlorenen Sohn (Lk. 15, 11-32) zu verweisen, das nicht zu Unrecht als besonders charakteristisch für die Verkündigung Jesu gilt. Darin lässt der Vater des »verlorenen« Sohnes bei dessen Heimkehr ja als Ausdruck seiner großen Freude das »gemästete Kalb« für ein Festmahl schlachten. Auch das kommt in der Vorstellungswelt, in der sich die Reden Jesu bewegen, als eine Selbstverständlichkeit vor.

Aber man beachte: Es kommt vor als etwas ganz Besonderes aus einem ganz besonderen Anlass und ist alles andere als etwas Alltägliches. In heutige Verhältnisse übersetzt, könnte zwar auch dies keine gesetzliche Weisung, wohl aber einen Denkanstoß zur Wiederentdeckung des Sonntagsbratens als des Besonderen ergeben, wie es vor einem halben Jahrhundert noch an den meisten Esstischen die Normalität war. Er gehörte zu einem noch nicht nivellierten Sonntag als dem Tag der Arbeitsruhe und der Pflege von Gemeinschaft in der fast allen gemeinsamen freien Zeit, wie es sie für die Erwerbstätigen so unter der Woche nicht gab und bis heute auch nicht gibt.

Wie auch immer man dazu stehen mag: Zwischen Vegetarismus und täglichem Fleischverzehr sind jedenfalls vielfältige Formen von guter, fleischarmer Ernährung möglich. Keineswegs ließen sich diese als genussfeindlich diskreditieren. Vielmehr würde wieder zu etwas Besonderem, was in der Menschheitsgeschichte bis vor Kurzem immer etwas Besonderes war. Nimmt man auch noch den gesundheitlichen Nutzen hinzu, so wird vollends deutlich, wie hier Verzicht zu einem Gewinn werden kann. Zugleich aber bestünde Aussicht, einer exzessiven Massentierhaltung weitgehend die Grundlage zu entziehen, die Tiere von Lebewesen in Gottes Schöpfung zu bloßem Schlacht- und Verzehrmaterial herabwürdigt. Darüber hinaus würde ein großes Problem der Welternährung verkleinert, das in einem viel zu hohen Grad an »Veredelung« von Pflanzen für den Fleischverzehr besteht.

Nicht um weltverneinende Askese geht es – schon gar nicht im Sinne einer Gott wohlgefälligen, quasi-religiösen Leistung –, sondern um eine spezifische Wertorientierung, eine religiös gegründete praktische Vernunft, die eine bestimmte innere Unabhängigkeit bedeutet, sie sowohl voraussetzt als auch hervorbringt. Eine Unabhängigkeit, aus der heraus man das, was die materielle Seite des Lebens ausmacht, sich sowohl in Freiheit aneignen als auch wieder loslassen kann. Um die Befähigung muss es gehen, Verzichten als etwas Sinnvolles zu erfahren, Alternatives als Bereicherung zu entdecken.

Die von alters her zur christlichen Religion gehörige Tradition des Fastens hatte ja in der frühen Christenheit den Sinn, gleichmäßiges geschwisterliches Teilen des wenigen, das man erwerben konnte, in der Gemeinde zu gewährleisten. Nachdem Fasten als konfessionskontroverses Thema im Zusammenhang der Rechtfertigungslehre zu den Akten gekommen ist, kann die alte Tradition heute einen ganz neuen Wert und Sinn finden. Darin nämlich, dass man sie als immer wieder neue Einübung in einen möglichst freien, selbstbestimmten Umgang mit den materiellen Dingen des Lebens versteht. Indem dabei in Bezug auf das Verhältnis von Mensch und Tier ohne den Begriff der gemeinsamen Geschöpflichkeit nicht auszukommen ist, zeigt sich, wie Glauben als schlichtes Vertrauen zu dem, der in seiner Schöpfung erkennbar wird, auch hier für die lebensdienlichen Perspektiven von großer Bedeutung ist.

Dazu sei zum Schluss noch aus dem Bereich der Jesusüberlieferung auf das sogenannte »Kinderevangelium« verwiesen (Mt. 19, 13-15; Lk. 18, 15-17), das bei Kindstaufen gern gottesdienstlich verwendet wird: Da wollen Mütter mit ihren kleinen Kindern zu Jesus gelangen, um sie von ihm segnen zu lassen. Die Jünger aber hindern sie daran, betrachten ihr Ansinnen offenbar als Störung der religiösen Erörterungen unter (männlichen) Erwachsenen. Aber Jesus greift ein, legt Wert darauf, dass die Kinder zu ihm kommen, macht daraus eine prophetische Zeichenhandlung. Der Maler Fritz von Uhde, bedeutender Zeitgenosse und Kollege von Max Liebermann, hat die Szene – übertragen ins 19. Jahrhundert – in einem wundervollen Bild festgehalten, das auf seine Weise das Jesuswort wiedergibt: Wie ein Kind müsse man sein, um das Reich Gottes anzunehmen, anders könne man es nicht empfangen.

Ein gehöriges Rätselwort ist das. Denn damit werden – ungewöhnlich genug – nicht nur die Kinder den Erwachsenen als Vorbild hingestellt, sondern Jesus sagt auch nichts Genaueres darüber, inwiefern die Großen Entscheidendes von den Kleinen lernen können; was es denn genau ist, worin sie so sehr Vorbild sind, dass die ansonsten selbstverständliche Normalität des Lebens, nämlich dass die Kleinen von den Großen lernen, geradezu auf den Kopf gestellt wird. Die Antwort darauf bleibt offen. Sie zu finden überlässt Jesus seinen Zuhörern selbst. Er lehrt im Diskurs, sozusagen auf Augenhöhe. Was auf ein Vertrauen darauf bei ihm schließen lässt, dass auf seinen Anstoß hin jeder in der Lage ist oder es zumindest sein müsste, die richtige Antwort selbst zu finden bzw. die verschiedenen Antworten zu denken, die dazu wohl möglich sind und sogar gleichzeitig wahr sein können.

Wie sind sie, die Kinder, auf die obige Thematik bezogen? Häufig erleben es Eltern, dass ihre Kinder in dem Moment, in dem ihnen klar wird, dass Wiener Würstchen nicht aus irgendetwas, sondern aus dem Fleisch von dafür getöteten Tieren bestehen, spontan beschließen, ab sofort kein Fleisch und keine Wurst mehr zu essen. Nur einige wenige bleiben dabei dann längere Zeit oder gar ihr Leben lang. Gleichwohl ist die Frage zu stellen, ob in der spontanen Reaktion der Kinder nicht zum Ausdruck kommt, dass sie noch einen Zugang haben zu den Tieren als Geschöpfen, mit denen man nicht beliebig umgehen darf. Ein Gefühl für das Leben als solches ist da wahrnehmbar, das der Welt der

Erwachsenen in einem bedenklichen Maße verloren gegangen zu sein scheint, das aber wiedergewonnen werden kann. Und das zurückzugewinnen nicht nur der Würde der Tiere als Geschöpfen Gottes angemessen ist, sondern in mindestens ebensolchem Maße der Würde des Menschen selbst.

9. Einfach glauben – einfach sterben?

Glauben ohne Erfahrung?

Zwei Erscheinungen des Lebens sind es, von denen alle Menschen gleich betroffen sind und durch die sie immer wieder zutiefst bewegt werden: die Liebe und der Tod. Das bestätigt zu finden genügt ein Blick in die täglichen Boulevardblätter oder die Magazine der »Yellowpress« im Wartezimmer des Arztes. Für diese Art von Presse wie auch große Teile der »schöngeistigen« oder auch nur oberflächlich unterhaltenden Literatur stellen die Phänomene Liebe und Tod mit ihrer großen thematischen Bandbreite etwas dar, was man auch als ihre Geschäftsgrundlage bezeichnen könnte. Das Interesse ist offenbar unerschöpflich und besonders groß, wenn sie in Kombination miteinander thematisiert werden: die Liebe und der Tod. Bei großen Teilen des Fernsehprogramms aller Kanäle treiben sie dann die Einschaltquote in eine Größenordnung, wie sie benötigt wird, um die Einnahmequelle Werbung ausreichend anzapfen zu können.

Mögen es folglich auch überwiegend triviale Formen sein, in denen sie von den Medien dargeboten werden – der Umfang, in dem sie ständig abgehandelt werden, spiegelt wider, mit welchem Gewicht diese beiden ganz großen Lebens- und Leidensthemen unabdingbar existenzielle Themen des Menschseins sind. Wobei es der ausdrücklichen Erwähnung eigentlich nicht bedarf, dass es sich in diesem Zusammenhang bei der »Liebe« nicht um das handelt, was alles gemeint sein kann, wenn von der »christlichen Nächstenliebe« die Rede ist, der »Brüderlichkeit« – heute zu Recht »Geschwisterlichkeit« –, die im Neuen Testament ein so häufiges Thema ist. Sondern hier geht es

155

ganz eindeutig um die Liebe als den immer wieder geheimnisvollen und höchst intensiven Magnetismus zwischen den Geschlechtern, der Seele und Leib gleichermaßen mit einer Heftigkeit erfassen kann, dass ihr kaum oder gar nicht zu widerstehen ist und die jeder Rationalität zu spotten vermag. Dass sie in den Siebenten Himmel hineintrage, wird ihr unter anderem – auch mit Walzertakten unterlegt – ebenso nachgesagt, wie dass sie eine bestimmte Art von Sehbehinderung darstelle:»Liebe macht blind«, heißt es nicht ohne Anhalt an mancherlei Erfahrung mit Abstürzen aus dem Siebenten Himmel und den mitunter schrecklichen und lang anhaltenden Folgen, die damit verbunden sein können.

Den ekstatischen Höhepunkt der geschlechtlichen Vereinigung zweier Menschen, deren Liebe sie befähigt, sich ganz von diesem intensiven Magnetismus erfassen zu lassen, hat man auch mit einem bemerkenswerten Ausdruck als den »kleinen Tod« bezeichnet. Eine solche Aussage mit einzubeziehen in Reflexionen über Glauben und Sterben ist sicher einigermaßen ungewöhnlich. Aber ist es lediglich eine Frivolität? Sozusagen im religiösen Zusammenhang mit dem guten Geschmack nicht vereinbar? Oder spiegelt sich in diesem Ausdruck etwas Wesentliches wider? Es wäre ja ein schöner Tod – genauer gesagt: ein schönes Sterben –, wenn der tatsächliche große Tod, der in dem Wort vom »kleinen Tod« mitgedacht ist, tatsächlich so wäre, wie es die dem Ausdruck zugrunde liegende Erfahrung eines unüberbietbaren Erlebnisses von wirklich liebender Begegnung und ekstatischer Vereinigung ist, die so in keinem Bordell zu haben ist.

Wie dem auch sei, darin dass diese Sprachfindung »kleiner Tod« möglich ist, dürfte sich niederschlagen, dass es ein großes Bedürfnis gibt zu wissen, was und wie das sei: Sterben und Tod. Und dass es da zugleich diesem Bedürfnis gegenüber eine zumeist ebenso große Hilflosigkeit gibt. Was bedeutet Glauben in dieser Situation? Bleibt hier dem, der glauben möchte, sozusagen von der Sache selbst her nur noch die Möglichkeit, durch ein bloßes Für-wahr-Halten die Unheimlichkeit des Nichtwissens zu bewältigen? Ein Für-wahr-Halten gegen allen Anschein und alle Erfahrung?

Es gibt ja ein Verständnis von »Glaube«, das in diese Richtung tendiert, weil es in einem bestimmten Interesse von Kirche als Institution begründet liegt. Dem Interesse nämlich, Glaubensinhalte so zu formulieren, dass man sie als Glaubensinformation, als »Katechismus«, als abfragbares Wissen lehren kann. Sodass man dies dann auch als die Lehrgrundlage einer Glaubensgemeinschaft zunächst niederlegen und danach als deren gültiges »Bekenntnis« für alle verbindlich erklären kann. Und da es schließlich um nichts Geringeres geht als Antworten auf »letzte Fragen«, Fragen nach der Existenz Gottes überhaupt, nach Anfang und Ende der Schöpfung, nach Zeit und Ewigkeit, nach dem Woher und Wohin des Lebens und Sterbens und dem Sinn von alledem – dem Sinn überhaupt und für jede individuelle Existenz –, weil das mit all seiner Dramatik so ist, kann das Interesse von Kirche als institutionalisierter »Glaubensgemeinschaft« leicht darauf hinauslaufen, dass das zunächst nur Niedergeschriebene, dann für verbindlich Erklärte, am Ende als völlig unverrückbarer, quasi ewig gültiger, unmittelbar göttlich inspirierter »Glaube« festgeschrieben wird.

»Unser Glaube« an »unseren Gott« soll etwas von ganz sicherer Verlässlichkeit sein, das unabhängig ist vom geschichtlichen Wandel der menschlichen Geistes- und Lebenswelt. Etwas, das zeitlos feststehend ist, das heute so gültig ist, wie es das schon gestern war und morgen und übermorgen auch weiterhin sein wird. Bekanntestes Beispiel dafür ist das »Apostolische« Glaubensbekenntnis, 1700 Jahre alt und noch immer an jedem Sonntag im gottesdienstlichen Gebrauch.

Was aber bedeutet dies auf der subjektiven Seite? Vieles kann man schließlich für wahr halten und in diesem Sinne glauben, ohne dass es auch eine wirkliche Bedeutung für das täglich gelebte Leben hat. Hier aber geht es um nichts Geringeres als all das, was mit so gewichtigen Begriffsvorstellungen wie Gott, Erlösung, ewiges Leben verbunden ist. Was bedeutet also »*der* Glaube« der Kirchen – so ein für alle Mal

157

festgeschrieben – für »*das* Glauben« der Menschen? Was heißt es nun, »gläubig« zu werden, zu sein und zu bleiben?

Es ist unübersehbar, dass ein Verständnis von Glauben zustande gekommen ist, das sich von der menschlichen Erfahrung gelöst hat. Lehrinhalte stehen in Geltung, die auf Erfahrung als konstitutives Element von Glauben nicht mehr bezogen sind, weil das Niedergelegte zum Dogma, also für unantastbar erklärt wurde. Dass der geschichtliche Wandel menschlicher Daseinsbedingungen und Existenzvollzüge einen Erkenntnis- und Erfahrungsraum bildet, in den die fixierten Glaubensinhalte nicht mehr hineinpassen, kann aber für diese nicht folgenlos bleiben. Sie sinken ab in die Bedeutungslosigkeit, weil man – ganz einfach ausgedrückt – einfach nichts mehr mit ihnen anfangen kann. Das ist fatal. Denn es hat zur Folge, dass es Menschen in beachtlicher Zahl gibt, die sich als Christen verstehen bzw. verstehen möchten, denen aber eine nur lehrbestandswahrende Kirche immer fremder wird.

Die Grundstruktur dieser Problematik ist schon in denjenigen Teilen des Neuen Testaments anzutreffen, die vergleichsweise spät entstanden sind und damit historische Dokumente schon der zweiten und dritten Generation der frühen Christenheit darstellen. Ein traditionell besonders geschätztes Beispiel dafür findet sich im Hebräerbrief. Zu Beginn von dessen 11. Kapitel heißt es: »Es ist aber der Glaube eine feste Zuversicht auf das, was man hofft, und ein Nichtzweifeln an dem, was man nicht sieht.« Joseph Ratzingers charakteristische Formulierung: »Es ist fest zu glauben, dass …« in der Vatikanischen Erklärung »Dominus Jesus« aus dem »Heiligen Jahr« der Jahrtausendwende (vgl. oben, Kapitel 1) erinnert stark an diese Aussage des Hebräerbriefs. Der geschichtliche Hintergrund, der hier zum Tragen kommt, ist das Ausbleiben der ursprünglich einmal mit großer Gewissheit erwarteten Wiederkunft Christi zum Anbruch eines sehr real geglaubten Gottesreiches. Diese Erwartung war für die erste Generation der Christen ein Ereignis, dessen Eintreten zu ihren Lebzeiten ihnen ein selbstverständlicher Hauptbestandteil ihres Glaubens, noch *vertrauende* Erwartung war. War ihnen doch Jesus als Auferstandener selbst erschienen. Oder es war ihnen das von anderen, die diese Erfahrung gemacht hatten, persönlich bezeugt worden, verbunden mit nachhaltiger Beglaubigung durch beeindruckende Veränderungen des Lebensvollzuges der auf den Namen des Auferstandenen Getauften.

Zur Abfassungszeit des Hebräerbriefs gegen Ende des ersten Jahrhunderts der christlichen Zeitrechnung, zwei Generationen später also, ist diese Unmittelbarkeit aber längst dahin. Der Glaube ist damit in eine recht dramatische, für den Bestand der Kirche bedrohliche Krise geraten. Unübersehbar dokumentiert sich diese kritische Lage, wenn der Verfasser des Hebräerbriefs sich zum Beispiel zu der Mahnung herausgefordert sieht: »Werft euer Vertrauen nicht weg, welches eine große Belohnung hat!« (Hebr. 10, 35) Enttäuschung muss offenbar überwunden werden. Glauben wird nun – hier ausgestattet mit einer Belohnungsperspektive (!) – zu einem Vorgang mit einer ausgeprägt moralischen Komponente. Um »feste« Zuversicht geht es (Hebr. 11, 1). Die katholische Einheitsübersetzung bringt diesen moralischen Aspekt besonders klar zur Geltung, indem sie formuliert: »Glaube aber ist: Feststehen in dem, was man erhofft.« Glauben bedeutet nunmehr so viel wie entschlossene Überwindung von Zweifel durch unbeirrtes Festhalten an Verheißungen, die nun sozusagen alt und damit wie ein alter Mensch auch gebrechlich geworden sind, weil ihre Erfüllung als erfahrbare Wirklichkeit längst überfällig ist.

Der Glaube des Paulus dagegen bedurfte solcher Anstrengung nicht. Er war von unerschütterlicher Gewissheit. Seine Briefe strahlen das durchgängig aus. Ausdrücklich formuliert hat er es in seinem Schreiben an die Gemeinde in Rom, der er in diesem Brief ausführlich seinen Glauben dargestellt hat, weil er den römischen Christen persönlich nicht bekannt war: »Ich bin gewiss, dass weder Tod noch Leben, weder Engel noch Mächte oder Gewalten, weder Gegenwärtiges noch Zukünftiges, weder Hohes noch Tiefes oder irgendeine andere Kreatur uns scheiden kann von der Liebe Gottes, die in Christus Jesus

159

ist, unserem Herrn« (Röm. 8, 38 f.). Diese Gewissheit resultierte daraus, dass sie nicht entscheidend im Verbalen verankert war. Sie beruhte nicht etwa allein auf einer ihm »verkündigten« und daraufhin als wahr akzeptierten Glaubenslehre. Sondern sie wurzelte ganz wesentlich in der ganz und gar – sogar im Wortsinne – umwerfenden Erfahrung seines berühmten »Damaskuserlebnisses«; eine ihm persönlich widerfahrene Erscheinung des Auferstandenen; nachzulesen in der Apostelgeschichte des Lukas im neunten Kapitel und bei Paulus selbst im ersten Kapitel seines Briefs an die Galater. Generationen später bricht demgegenüber eine schwerwiegende Diskrepanz zwischen Glauben und Erfahrung auf: Glauben wird mangels eigener Erfahrung verwiesen auf Berichte über die längst vergangenen Erfahrungen anderer, die sich als eigene Erfahrung in der Gegenwart nicht wiederholen kann. Was in der Vergangenheit von Personen, die inzwischen auch schon längere Zeit verstorben sind, erfahren wurde, gewinnt den Charakter und Rang von etwas Einmaligem. Das Einmalige wird in der Folge zum Einzigartigen, zur »Offenbarung«, und für die Dokumente, in denen es enthalten ist, ergibt sich daraus, dass ihnen die Qualität und der Rang zugeschrieben wird, »Heilige Schrift« zu sein.

Unter dieser Voraussetzung wird Glauben immer mehr zum »Nichtzweifeln an dem, was man nicht sieht«, zum Anerkennen behaupteter Wahrheit gegen den Augenschein, gegen Vernunfterkenntnis und Erfahrung. Dieser Prozess verschärft sich, je mehr es dazu kommt, dass das dreistufige antike Weltbild mit seiner Geozentrik durch ein naturwissenschaftliches abgelöst wird. Spätestens mit der »Aufklärung« genannten Epoche des 17. und 18. Jahrhunderts ist das der Fall, und es kann nicht ausbleiben, dass sich damit auch eine massive Infragestellung der mit dem alten Weltbild verknüpften Glaubenslehren verbindet. Denn die Darstellung der überlieferten »Offenbarung« in den heiligen Schriften samt den kirchlichen Bekenntnistexten ist durch und durch mit jenem unverkennbar vorwissenschaftlichen Weltbild verquickt. Glaube als dennoch gefordertes Für-wahr-Halten bedeutet damit die Zumutung, ein *sacrificium intellectus*, eine Opferung des Verstandes- und Vernunftgemäßen zu vollziehen. Denn der Anspruch von Offenbarung und Heiligkeit hat ja zugleich Unantastbarkeit zur Folge. Woraufhin sich die Frage stellt, wie eigentlich damit umzugehen ist, dass die Überlieferung auch Widersprüchliches in sich enthält. Und weiter die Frage, was die behauptete Offenbarungsqualität des Überlieferten eigentlich ausmacht für die Gegenwart. Was sich heute Fundamentalismus nennt bzw. faktisch nichts anderes ist, ist die schlichteste Antwort auf diese schwierigen Fragestellungen. Sie ist zugleich aber auch die radikalste und bringt entsprechend radikale Einstellungen mit Neigung zum Extremismus hervor. Denn ihre Grundhaltung ist eine rechthaberisch-irrationale.

Die beschriebene Problematik ist von besonderer Bedeutung, wenn es um die mit Sterben und Tod verbundenen Fragen geht. Denn es sind Fragen, von denen man sagen kann, dass es Menschen nicht gibt, denen sie fremd wären, weil sie sich ihnen nie stellen. Und es trägt wohl auch einiges zur Stabilität des zwar stetig schrumpfenden, aber noch immer relativ beachtlichen Mitgliederbestandes der Kirchen bei, dass sie über eine uralte Tradition der Beantwortung dieser Fragen verfügen und zum konkreten Umgang damit am Lebensende ehrwürdige, funktional hilfreiche Rituale pflegen.

Was allerdings nichts darüber aussagt, in welchem Maße die dogmatischen Lehraussagen, die in diesem Zusammenhang transportiert werden, auch Akzeptanz finden. Etwa der in manchen Agenden vorgesehene Satz des Pfarrers am offenen Grab: »Christus wird dich auferwecken am Jüngsten Tage.« Da ist ja für niemanden zu überhören, dass die kirchliche Lehre bis heute auch zu den Fragen von Sterben, Tod und vom Leben danach festgelegt ist auf bestimmte Aussagen der Dogmatik des Apostolischen Glaubensbekenntnisses, wie es bis heute an jedem Sonntag gemeinsam zu sprechen ist in jeder Kirchengemeinde, soweit sie sich zum herkömmlichen Gottesdienst versammelt; in den evangelischen Landeskirchen sind dies durchschnittlich noch 3,8 Prozent der Mitglieder. Für diesen Bekenntnistext wird

161

gleichwohl kirchenamtlich noch immer der Anspruch erhoben, dass er die wesentliche und weltweit für alle Kirchen gültige Zusammenfassung des christlichen Glaubens sei.

Es wird darin ausgesagt, dass der von den Toten auferstandene Jesus Christus von seinem Sitz im Himmel »zur Rechten Gottes, des allmächtigen Vaters«, zurückkehren werde – mit einer Wolke vom Himmel her wie einst bei seiner Auffahrt –, »zu richten die Lebenden und die Toten«. Und dass es zu diesem Zweck eine allgemeine »Auferstehung der Toten« aus ihren Gräbern geben werde; so wie es auch im Johannesevangelium formuliert ist: »Es kommt die Stunde, in der alle, die in den Gräbern sind, seine Stimme hören werden; und es werden die, die Gutes getan haben, hervorgehen zur Auferstehung des Lebens, die aber Böses getan haben zur Auferstehung des Gerichts« (Joh. 5, 28 f.).

Zur Zeit seiner Abfassung wurde das Eintreten dessen, was hier angesagt wird, noch in näherer Zukunft erwartet. Als höchst verwundert und in ihrem Glauben sehr irritiert kann man sich die damaligen Christen also nur vorstellen, könnten sie eine 1900 Jahre später noch immer existierende Welt erleben und in ihr eine Kirche, die das, was nun schon so unendlich lange ausgeblieben ist, noch immer zu einem wesentlichen Glaubensgegenstand erklärt, dem eine für die Christen identitätsstiftende Qualität über alle Kirchengrenzen hinweg zukommen soll.

Es ist dies dagegen in Wahrheit ein besonders sprechendes Beispiel für einen »Glauben«, der als solcher – falls er überhaupt noch eine Möglichkeit ist – nur noch abgekoppelt von Vernunfterkenntnis und frei von eigener religiöser Erfahrung in einer besonderen Wörterwelt weiterbestehen kann. Mit aufgeklärtem Menschenverstand kann er unvermeidlich nicht mehr übereinkommen, auch wenn die kirchliche Wörterwelt mitunter rhetorisch Brillantes hervorzubringen vermag. Denn es ist auch nicht zumutbar, das alles immer nur in einem uneigentlichen Sinne verstehen zu sollen. Zu offen bleibt dabei die Frage, warum das, was anders gemeint sein soll, nicht anders gesagt werden kann. Die Ebene des Faktischen bleibt somit erhalten und wird zu einer Verfälschung von religiösem Glauben überhaupt. Denn sie bedeutet einen Dennochglauben, einen »Sprung in den Glauben«, der einem Kopfsprung in ein Schwimmbecken ohne Wasser gleicht, wenn akzeptiert werden muss, als faktisch für wahr halten zu *sollen*, was Verstand und Vernunft nicht für wahr halten *können*. Solcher Glaube bedeutet Verleugnung von intellektueller Subjektivität und Redlichkeit und büßt damit den Vertrauenscharakter ein, ohne den es im Sinne des von Jesus angesagten Evangeliums Glauben nicht gibt.

Es wird dies ja auch – was nicht verwundern kann – von den Kirchen keineswegs glaubwürdig vertreten, wenn sie einerseits unter dem Druck der Tradition erwarten, dass ihre Mitglieder die jederzeit mögliche Wiederkehr Christi zu einem Jüngsten Gericht als ihren eigenen, persönlichen Glauben bekennen, die Institution aber zugleich zwecks langfristig günstiger Verwaltung ihrer finanziellen Mittel eigene Banken und Versicherungen betreibt. Und wenn sie ihre Pfarrer und Kirchenfunktionäre mit der lebenslangen materiellen Sicherheit ausstatten, die mit einem Anstellungsverhältnis in Verbeamtung verbunden ist, was – nachvollziehbar – auch sehr geschätzt wird.

Vor solchen und ähnlichen Hintergründen gab es bis zur Mitte des 20. Jahrhunderts bei Menschen, die der Kirche den Rücken gekehrt hatten, eine bestimmte, in der Aufklärung wurzelnde antikirchliche Protesthaltung auch am Lebensende. Sie bestand darin, dass man für sich selbst als Verstorbenen die Entscheidung traf, seinen Leichnam einäschern zu lassen. Diese bewusst gewählte Alternative zur Erdbestattung hatte den Sinn einer demonstrativen Leugnung der traditionell-christlichen Vorstellung von der leiblichen Auferstehung der Toten.

In der Gegenwart und seit einiger Zeit schon wird dagegen die Feuerbestattung nicht mehr nur ausnahmsweise gewählt. Es scheint vielmehr eine Tendenz dahingehend zu geben, dass sie die Erdbestattung weitgehend ablöst. Was nun allerdings andere Gründe hat als die einer weltanschaulichen Distanzierung von kirchlichen Lehren. An die Stelle dieser Protesthaltung scheint eher eine agnostisch gleichgültige Einstellung gegenüber dem Kirchenglauben getreten zu sein. Beim Besuch von Friedhöfen ist allerdings auch wahrzunehmen, dass heute nicht selten auch Urnengräber mit christlicher Symbolik versehen sind. Das ist insofern bemerkenswert, als darin unter anderem wohl auch zum Ausdruck kommt, dass inzwischen die Mehrheit der getauften Christen einen individuellen Glauben pflegt, aus dem Teile der überkommenen Lehrinhalte einfach gestrichen sind, obgleich sie durch die Kirchen weiter aufrechterhalten werden.

Die »Auferstehung der Toten« dürfte dafür ein Musterbeispiel sein. Denn beim Wort genommen fordert sie, wie schon dargestellt, einen Glauben, der sich ein hohes Maß an Entbehrung, ja Leugnung von Vernunft und Erfahrung zumuten lässt. Aber, wie oben schon angesprochen, lässt sich an dieser Stelle einwenden: Man müsse diese Auferstehungsvorstellung doch gar nicht beim Wort nehmen. Man könne das Bekenntnis zur Auferstehung der Toten doch als eine rein symbolische Aussage verstehen und sie dann etwa in dem Sinne deuten, dass sie in außergewöhnlicher, kraftvoller Bildlichkeit den Glauben an die Größe der Schöpfermacht Gottes als Überlegenheit auch über die Macht des Todes zum Ausdruck bringt.

Nichts wäre inhaltlich gegen diese Deutung als solche oder eine ähnlich strukturierte einzuwenden. Aber: Dieses uneigentliche, symbolische Verständnis ergibt eine außerordentlich große Diskrepanz zwischen dem Gesagten und dem Gemeinten. Und es bleibt völlig offen, ob das nach dieser Deutung Gemeinte von der Kirche heute auch wirklich gemeint ist. Wo der Bekenntnistext doch von Hause aus wirklich meint, was er sagt. Sollte sich die Kirche aber davon tatsächlich verabschiedet haben, so wäre immer noch zu fragen, warum das nun »eigentlich« Gemeinte nicht auch seine eigenen Worte finden kann bzw. darf. Worte, die es unmittelbar verständlich, nachvollziehbar und zustimmungsfähig machen würden. Es gibt diese Worte nicht. Stattdessen eine formelle Bindung an andere, uralte Worte, die für Menschen, die mit einem nicht bestreitbaren Recht ihre Kirche beim Wort nehmen wollen, sehr problematisch sind.

Warum sehr problematisch? Weil christlich zu glauben dabei das Wesensmerkmal des Vertrauens einbüßen kann. Dies auf zweifache Weise: Zum einen befindet sich ein Glaube, der sich auf ein Für-wahr-Halten von durch und durch Mirakulösem einlässt, in so hohem Maße abseits von der sonst im allgemeinen Lebensvollzug zugleich selbstverständlichen Betätigung von Verstand und Vernunft, dass er synonym mit Vertrauen allein aufgrund dieser Kluft schon kaum werden kann. Schwerwiegender noch in dieser Hinsicht ist aber darüber hinaus, dass die Lehre von der Auferstehung der Toten fest verbunden ist mit der Vorstellung vom Jüngsten und Letzten Gericht. Die Auferstehung aller findet ja darin erst ihren hauptsächlichen Sinn, dass sie dieses Gericht überhaupt ermöglicht.

Indem dies so ist, entlarvt sich dieser kirchlich gelehrte und geforderte Glaube aber als einer, der des Vertrauens als Wesensmerkmal entbehrt, also nicht wirklich Glaube ist. Denn die kirchliche Lehre ist zugleich weder willens noch imstande, Aussagen von letzter Gewissheit über den Ausgang dieses Jüngsten Gerichts für den Einzelnen zu machen. Schließlich lehrt sie ja auch die Existenz von Hölle und ewiger Verdammnis! Es kann also dieser unauflöslich mit dem Glauben an das Gericht verbundene Auferstehungsglaube – wirklich ernst genommen – von einer letzten und beim einzelnen »Gläubigen« möglicherweise großen Furcht nicht frei werden. Wo aber grundlegendes Vertrauen frei von solcher Furcht gemacht hat, erledigt sich die Vorstellung von den sich öffnenden Gräbern, aus denen heraus man vor die Schranken des Jüngsten Gerichts tritt, von selbst. Und ebenso die hybride Spekulation, wie wohl die Verteilung gegenwärtiger oder schon verstorbener Mitmenschen auf »Himmel« und »Hölle« sich darstellen wird.

So viel ist gewiss: Der Vorgang des Sterbens ist ein Teil des Lebens. Und das bedeutet, dass auf die Frage: »Wie werde ich sterben (können)?«, sich die Antwort nahelegt: Womit und woraus ich wirklich und wahrhaftig habe leben können, was mir als tragendes Vertrauen zur Lebensgrundlage wurde, damit werde ich wohl auch so sterben können, dass nicht am Ende die Furcht das letzte Wort behält. Eher indirekt ist deshalb der Beitrag christlichen Glaubens zur inneren Einstellung auf das Sterben und seine Bewältigung. Dann nämlich, wenn er so vermittelt wird und beschaffen ist, dass er mit seiner Vertrauensqualität eine von Furcht immer wieder befreiende Bedeutung schon im Leben *vor* dem Sterben hat.

Der Tod und das Leben

Das Bekenntnis zur Auferstehung der Toten, das in der Kirche mit dem Ritual des gottesdienstlichen Glaubensbekenntnisses so unveränderlich und stetig weitergegeben wird, ist also wenig hilfreich. Es ist von keiner wirklich seelsorglichen Qualität, vielmehr den Hauptgründen zuzurechnen, die der großen und stetig noch wachsenden Enthaltsamkeit der Kirchenmitglieder vom Gottesdienst zugrunde liegen. Zu unbefriedigend antwortet es auf die unausweichlichen Fragen angesichts des Faktums Tod, das uns zunächst im Sterben anderer, dann aber als das, was uns selbst mit Gewissheit erwartet, vor Augen steht. Um Fragen geht es dabei, die wohl ohne Ausnahme jeden Menschen irgendwann auch sehr persönlich beschäftigen, wenn er sich in ein bewusstes erwachsenes Leben hinein entwickelt hat. Nicht unentwegt kann diese Befassung mit Sterben und Tod sein. Wer könnte das tatsächlich aushalten und gleichzeitig dem Leben angemessen zugewandt bleiben! Aber immer wieder einmal steigen Fragen auf, haben Gewicht dann und bleiben individuell nicht folgenlos, auch wenn es zum offenen Gespräch darüber mit anderen relativ selten kommt.

Noch eher weniger schwer ist es dabei, sich zum konkreten Vorgang des Sterbens in Beziehung zu setzen. Etwa ein Testament niederzulegen oder eine Verfügung zur Frage der künstlichen, rein medizintechnischen Verlängerung des Lebens im Falle eines Falles. Anders dagegen steht es mit der Frage nach dem, was wohl nach dem endgültigen Sterben kommt. Denn es ist so schwer, darauf zu einer Antwort zu kommen, weil wir die Frage: »Gibt es ein Leben nach dem Tode?« immer nur im Horizont des Lebens vor dem Tode stellen können.

Der Tod ist weit mehr und noch etwas ganz anderes als nur der Endpunkt des uns bekannten Lebens. Er ist nicht ein ferner Zeitpunkt, von dem man weiß, dass er irgendwann einmal ganz nahe kommt – aber noch nicht jetzt, solange es keine anderslautende ärztliche Diagnose gibt. Der Tod ist in Wahrheit nicht etwas rein Zukünftiges, sondern immer auch Gegenwart, selbst wenn uns das nur selten wirklich bewusst ist; denn leicht ist es nun einmal nicht, der Empfehlung in manchen Sinnsprüchen zu folgen, dass man jeden Tag so leben solle, »als wäre es der letzte deines Lebens«. Ernst genommen, ist das zu viel verlangt, und niemand kann das wohl wirklich. Aber jeder kann das als einen wichtigen Denkanstoß immer wieder einmal an sich heranlassen. Denn es ist nun einmal tatsächlich so, dass das Faktum des Todes unsere Lebenseinstellung ständig mitbestimmt, weil dies unsere einzige wirkliche Gewissheit über die Zukunft ist. Dieser Gewissheit ständig sehr bewusst ins Auge zu blicken würde uns krank machen. Aber sie ist ein ständig vorhandener Hintergrund unseres Lebens, der den Maßstab mitbestimmt für das, was uns das Leben als lebenswert erscheinen lässt oder nicht und was dementsprechend Motivationen und Energien in uns freisetzt und lenkt.

Das will an Beispielen erläutert sein:

Bei großen Wissenschaftlern oder Künstlern spricht man sehr anerkennend von einem »Lebenswerk«, das sie schaffen. Und sind sie in schon recht fortgeschrittenem Lebensalter noch tätig, so ist mit Blick auf dessen Ende von der Vollendung dieses Lebenswerks die Rede oder bei Schriftstellern und Künstlern mitunter auch von einem ausgereiften »Spätwerk«. Aber auch ohne es zu Berühmtheit gebracht zu haben, können Menschen mit guten Gründen in diesem Sinne auf ihr verlaufenes Leben blicken. Kann es diesen Begriff »Lebenswerk« überhaupt geben, ergibt er überhaupt Sinn ohne das Wissen um das

Lebensende? Und ist der Impuls zur »Vollendung« nicht eine sehr konkrete Wirkung dieses Wissens?

Auch die Gründung einer Familie und die damit verbundene Aufzucht von Kindern kann diesen Lebenswerkcharakter haben. Der im Blick auf Kinder veraltete Begriff »Aufzucht« meint ja richtig verstanden die materiell und ideell versorgende, stützende, helfende Begleitung hinein in ein eigenständiges Leben. Womit dabei unvermeidliche und notwendige Prozessen des Loslassens verbunden sind. Worin sonst gründet diese Zielsetzung einer Entwicklung zur Eigenständigkeit, wenn nicht in dem Wissen, dass Kinder ihre Eltern in der Regel weit überleben und deshalb eines Tages auch ganz ohne sie werden auskommen müssen? Und sofern darüber hinaus auch der Gesichtspunkt eine Rolle spielt, dass Kinder zur Fürsorgebereitschaft und -fähigkeit für ihre Elterngeneration heranwachsen sollen, so spielt auch dabei das Wissen eine wesentliche Rolle, dass der Tod mit Gewissheit kommt. Mag er sich zunächst nur in nachlassender Leistungskraft nähern, eines späteren Tages pflegt er sich nicht selten in Gestalt von zunehmender Gebrechlichkeit anzukündigen oder in spezifischen Merkmalen des Greisenalters fast schon real präsent zu sein. Und weil dies alles niemand allein auf sich selbst gestellt bewältigen kann, werden schließlich Altern, Sterben und Tod nicht nur familiär, sondern zugleich für verschiedene Bereiche politischer Zuständigkeit zu einer Aufgabe gemeinsamer Bewältigung.

Auch wenn von den »besten Jahren des Lebens« die Rede ist – welche genau auch immer damit gemeint sein mögen –, ist es letztlich das Wissen um Alter und Tod, das den entscheidenden Horizont der Lebensbetrachtung herstellt. Noch deutlicher wird das, wenn jemand meint, diese besten Jahre versäumt zu haben – wie immer auch begründet –, und daraufhin die verbleibenden Jahre nach der Maxime angeht, dass er nun aber »noch etwas vom Leben haben« möchte. Die Kostbarkeit des noch Zeithabens bzw. des Zeithabens überhaupt, worin sonst beruht sie, wenn nicht im Wissen um die absolute Begrenztheit der lebenszeitlichen Existenz?

Und spielt das nicht auch hinein in unser Erleben des Wechsels der Jahreszeiten als eines Dramas in vier Akten vom Werden und Vergehen des Lebens? Wunderbare Gedichte und Lieder gibt es über den Monat Mai, den »Wonnemonat«, die Phase der höchst intensiven Wiedererstehung des Lebens in der Natur. Aber es ist irgendwo auch das Wissen um den Tod, das dabei der dichterischen Kreativität die Feder führt, um die Lebensschönheit, von deren Vergänglichkeit man weiß, wenigstens im Wort festzuhalten. Oder im Bild, wie so mancher impressionistische Maler es getan hat und kostbare Kalenderblätter füllt.

Sie ließen sich weiter vermehren, die Beispiele dafür, dass der Tod nicht einfach der Endpunkt ist, sondern eine in jeder Gegenwart wirksame, ja wirkmächtige Wirklichkeit des Lebens. Und zwar eine durchaus nicht nur negativ einwirkende Wirklichkeit. Vielmehr ist sie zumeist ambivalent, also doppelgesichtig und doppelgewichtig, wofür der eingangs erwähnte »kleine Tod« vielleicht das deutlichste, intensivst erfahrbare Beispiel ist. Es ist diese eher unmerkliche und doch stets präsente, in das Leben verwobene Realität des Todes, die uns das Glück zum Glück und zum Gewinn von Leben macht und seine Vergänglichkeit zum Verlust und zur Trauer des Älter- und Altwerdens sowie des Abschiednehmens.

Unauflösbar miteinander verflochten sind also der Tod und das Leben für uns Menschen. Mal mehr und mal weniger bewusst ist das so, mal auch ganz unbewusst, immer aber so, als verhielten sie sich zueinander wie zwei Stoffe in der Unauflöslichkeit einer chemischen Verbindung. Der Grund dafür liegt einmal mehr darin, dass wir über nichts, was unsere Zukunft sein wird, wirkliche Gewissheit haben außer über die Tatsache des Sterbens und des Todes. Dies ist es, was deren Macht zu etwas werden lässt, was nicht erst am Ende des Lebens zum Zuge kommt, sondern was stets in alle Lebenszeit und alle Lebensvollzüge mit hineinwirkt.

Aus dieser unabänderlichen Befindlichkeit resultiert letztlich auch die große Schwierigkeit, die die Frage des Lebens nach dem Tode menschlicher Denkfähigkeit und menschlicher Vorstellungskraft bereitet. Angesichts der Verquickung von Tod und Leben in dem uns bekannten und reflektierbaren Leben kann sich ja allein schon die Redeweise »*Leben* nach dem Tode« als eine große Problemanzeige darstellen. Denn es ist natürlich mit dem Leben nach dem Tode ein Leben *ohne* den Tod gemeint. Ein solches aber ist uns unbekannt. Wer ernsthaft versucht eine Vorstellung davon zu gewinnen, wird daran unvermeidlich scheitern. Das ist unausweichlich so, weil wir, wie zu sehen war, Leben ja nur als Leben mit dem Tode, unter der Bedingung des Todes überhaupt kennen. Allenfalls kann uns Erinnerung an unsere Kindheit hier so etwas wie eine Ahnung verschaffen, soweit uns solche Erinnerung möglich ist. Nach der Zeit der Kindheit kann man in diesem Zusammenhang ja eine Sehnsucht haben. Weil diese Zeit im Erleben noch keine war, weil man ein »Zeitgefühl« noch nicht hatte, wie es erst im späteren Verlauf des Lebens erworben wurde.

Derselben Problematik unterliegt natürlich auch der Begriff des »ewigen Lebens«. Bleibt unserer Vorstellungskraft schon ein Leben ohne den Tod letztlich unzugänglich, wie soll dann ein ewiges Leben es sein können? Wir müssten dafür zumindest in der Lage sein, Ewigkeit als etwas anderes zu erfassen als eine auf unendlich gestellte Zeitlichkeit. An dieser Stelle ist der theologische Begriff der Erlösung wie auch die menschliche Sehnsucht danach ins Spiel zu bringen. Denn die Qualität von Erlösung zu haben, das soll ja das ewige Leben ausmachen und muss es ausmachen, wenn es als begründeter Ausblick von unseren Ängsten befreien, mindestens aber sie nicht zur Herrschaft kommen lassen soll.

Der Versuch vergangener Zeiten, sich erlöstes, ewiges Leben bei Gott auszumalen, ist in vielen Kirchen aus der Zeit des Barock sehr real und äußerst effektvoll mit Pinsel und Farbe als Deckenbemalung umgesetzt worden. Nimmt man ernst, was dabei zu sehen ist – analog in machen Kirchenliedern zu singen –, so wird man, wenn man jede aufgesetzte Ehrfurcht einmal ablegt, feststellen müssen, dass die Eingliederung in die himmlischen Chöre, die ohne Ende vor dem Thron

Gottes Gloria und Halleluja singen, auf etwas hinausläuft, das man auch als eine auf unendlich gestellte Langeweile bezeichnen könnte. Man langweile sich »zu Tode«, ist nicht ohne Grund eine Redensart über eine Befindlichkeit des Lebens. So auch ließe sich die fehlende Erlösungsqualität eines ewigen Lebens beschreiben, wenn es verstanden wird als eine zeitliche Existenz ohne Ende. Es ist eben genau genommen ein Paradox, ein Widerspruch in sich selbst.

Diesem Verständnis zumindest ansatzweise zu entgehen ist wohl am ehesten möglich, wenn man sich klarmacht, dass das Ewige ewig nur sein kann, indem es immer auch Gegenwart ist und nicht etwas, das später einmal, nach dem Ende des uns bekannten Lebens, überhaupt erst beginnt. Wenn es also tatsächlich zur Erfahrung werden kann, dann nicht ausschließlich erst später, sondern auch in einer jeweiligen Gegenwart, im Leben vor dem Tode.

Der Blick über die Grenze: »Nahtoderfahrungen«

Es gehört unabdingbar zu uns Menschen, dass wir nach Antwort suchen auf die Fragen, die sich mit der fundamentalen Tatsache verbinden, dass wir geboren werden, einen einmaligen, individuellen Lebensweg durchlaufen und am Ende sterben. Und wir müssen dabei normalerweise zur Kenntnis nehmen, dass der Gebundenheit des Daseins an Raum und Zeit ebenso wenig zu entkommen ist wie dem sicheren Wissen um das Ende dieses Daseins.

Darin auch liegt es letztlich begründet, dass die tradierte kirchliche Lehre von der Auferstehung der Toten in ihrem Wortsinne längst hinfällig geworden ist, auch wenn sie Aspekte hat, die es ermöglichen, sie sinngebend zu interpretieren. Sie ist ja auch nicht erst unter den ersten Christen entstanden, war vielmehr im jüdischen Volk längst schon vorhanden. Und wenn durch ihre Positionierung im Glaubensbekenntnis die Auffassung bestehen sollte, dass sie auch im Neuen Testament die Antwort schlechthin sei auf die Frage des Lebens nach dem Tode, so täuscht dieser Eindruck.

171

Auffallend ist dabei, dass die für Menschen von heute noch verhältnismäßig leicht zugängliche Unterscheidung von sterblichem Leib und unsterblicher Seele, wie man sie auch in der Jesusüberlieferung findet, für den frühchristlichen Glauben nicht bestimmend wurde. Die Erscheinungen Jesu als Auferstandener haben hier offenbar die Vorstellungswelt nachhaltig geprägt. Sie waren ja, was immer sie gewesen sind, etwas wirklich Erlebtes, das man als solches auch einer nächsten Generation noch überzeugend weitergeben konnte. Auf die ganze Länge der Kirchengeschichte aber konnten sie wirklich lebendig und tragfähig nicht bleiben. Anders die Unterscheidung von Leib und Seele, die in einigen der Jesusreden in starken Realitätsbezügen anzutreffen ist. In Matthäus 10, 28 zum Beispiel mahnt Jesus seine Jünger, sich nicht zu fürchten »vor denen, die den Leib töten, aber die Seele nicht töten können«. Und in Lukas 12, im »Gleichnis vom reichen Kornbauern«, wird die Ankündigung des unverhofften Todes des Großagrariers in die Worte gefasst, dass von ihm in der nächsten Nacht »seine Seele gefordert« werde. Das wird dann den leiblichen Tod zur Folge haben und macht deshalb die umfassende Vorsorge für sein leibliches Wohl, die der Kornbauer so umfangreich getroffen hat, völlig vergeblich. Seine Seele aber wird bei dem sein, der die Macht hatte, sie von ihm »zu fordern«. Sie ist für Jesus offenbar der bleibende Träger des Lebens und der Beziehung des Menschen zur Ewigkeit Gottes. Aber auch hier trifft man wieder auf eine Diskrepanz zwischen der frühen Christusverkündigung und daraus abgeleiteten und weiterentwickelten Vorstellungen sowie der eigenen Botschaft Jesu. Diese wird zwar tradiert, kann sich allerdings auf die Länge und Breite der kirchlichen Entwicklung gegen die Botschaften über ihn nicht durchsetzen. Das darin schlummernde Konfliktpotenzial jedoch bleibt erhalten.

Ein konsequenter Vertreter der Vorstellung von der Auferstehung der Toten scheint auch Paulus nicht gewesen zu sein, trotz seiner ausführlichen Argumentation pro in 1. Korinther 15. Es lehrt dies ein Blick in den Philipperbrief. An die Gemeinde in Philippi schreibt Paulus aus dem Gefängnis, und es scheinen ihm hier – wie es bei Inhaftierten bis heute nicht selten der Fall ist – Gedanken an einen Suizid nahezuliegen. Das berühmte Wort: »Christus ist mein Leben, und Sterben ist mein Gewinn« (Phil. 1, 21), lässt sich als zumindest ein ernstes Spiel mit solchen Gedanken verstehen, liest man es als Ausdruck der Gemütsverfassung eines Eingekerkerten statt als zeitlos gültigen Predigttext zur kirchlichen Bestattung. Insbesondere weil Paulus fortfährt: »Wenn ich aber weiterleben soll im Fleisch, so dient mir das dazu, mehr Frucht zu schaffen, und so weiß ich nicht, was ich wählen soll. *Ich habe Lust, aus der Welt zu scheiden und bei Christus zu sein,* was auch viel besser wäre …«

Paulus ist hier offenbar von der Auffassung bestimmt, dass der eigentliche Träger des zeitlichen wie des ewigen Lebens des Menschen etwas ist, das sich zwar »im Fleische« befindet, aber nicht daran gebunden ist. Und wenn es davon frei wird, so ist es für ihn offenbar sogleich »bei Christus« und nicht erst später, wenn einmal die Toten allesamt auferstanden sein werden zum Jüngsten Gericht. An diesen unmittelbaren Weg zu Christus zu glauben war für Paulus nicht aus Theoretischem gewonnene Erkenntnis. Es lag nicht in anthropologischen Überlegungen von griechischer Philosophie begründet, sondern es stellt – wie seine ganze Existenz als Apostel – das Resultat von intensiver religiöser Erfahrung dar. Er wusste ja von dem Erlebnis einer Entrückung »bis in den dritten Himmel« zu berichten und von einer weiteren bis ins Paradies, wo er »unaussprechliche Worte, die kein Mensch sagen kann«, gehört habe. So nachzulesen am Anfang des 12. Kapitels des 2. Korintherbriefs.

Wer sich nun mit der neueren »Sterbeforschung« befasst hat, die in den letzten Jahrzehnten besonders in den USA und den Niederlanden intensiv betrieben worden ist, der erkennt hier eine möglicherweise bestehende Parallele zwischen den Erfahrungen des Paulus und dem, was diese Sterbeforschung anhand einer großen Vielzahl von Berichten als »Nahtoderfahrungen« (NTE) dokumentiert hat. Wie Paulus von Entrückung ins Paradies spricht, so ist in einem der jüngsten Berichte über ein solches Nahtoderlebnis – 2009 in »Publik-Forum« veröffentlicht – von der Erfahrung eines »paradiesischen Zustandes« die Rede, der bei einer 64-jährigen Frau mit ihrem zunächst eingetretenen, dann aber abgebrochenen Sterbeprozess verbunden war. Ausgelöst wurde dieser Vorgang durch eine Lawinenverschüttung in den Schweizer Alpen, unter der sich diese Frau als quasi schon gestorben erlebte, bevor sie doch noch gerettet werden konnte. In großer Zahl wurden Berichte über solche Sterbeerfahrungen in den letzten Jahrzehnten erfasst, publizistisch dokumentiert, gedeutet und zur Diskussion gestellt. Die bekannteste Vertreterin dieser Forschungsrichtung, Elisabeth Kübler-Ross, spricht sogar von insgesamt 20 000 erfassten Fällen. Eine repräsentative Befragung der amerikanischen Bevölkerung ergab, dass zum Zeitpunkt der Erhebung ca. 18 Millionen Amerikaner über Erfahrungen dieser Art berichteten. Das ist zwar eine Minderheit von Menschen, aber eine von so beachtlichem Umfang, dass es völlig unangemessen wäre, von Einzelfällen zu sprechen, um ihnen allein deshalb schon keine besondere Aufmerksamkeit zu widmen.

Die erfassten Fälle lassen sich überwiegend in zwei Kategorien einordnen: Zum einen handelt es sich um Opfer schwerer Unfälle, bei denen das bereits in Gang befindliche Sterben am Ende noch aufgehalten werden konnte. Und zum anderen wurde eine hohe Zahl von Krankenhauspatienten erfasst, die im Operationssaal oder auf der Intensivstation schon für klinisch tot befunden, aber erfolgreich wiederbelebt wurden. Große Übereinstimmung herrscht bei allen in der immer wieder formulierten Erklärung, das Erlebte in Worten nicht wirklich wiedergeben zu können. Am leichtesten noch scheint es mit Bildern und Metaphern annähernd möglich zu sein. Die mit der Nahtoderfahrung verbundenen Gefühle werden dagegen allermeist als »unbeschreiblich« bezeichnet. Was sich wohl am ehesten nachvollziehen lässt, wenn sogar berichtet wird, dass selbst angeborene oder erworbene Blindheit bzw. Farbenblindheit aufgehoben sein kann. Höchst eindrucksvoll und überzeugend hat 1973 eine

174

blind geborene Frau in einer Fernsehsendung der britischen BBC darüber berichtet.

Eine systematische Auswertung der erfassten Erfahrungen lässt in einer bestimmten Größenordnung Übereinstimmung erkennen, auch wenn jedes dieser Erlebnisse ein ganz individuelles ist. Besonders charakteristische Erfahrungen dabei sind:

Der Sterbende empfindet sich als tot bzw. hört, dass er von Ärzten für tot erklärt wird. Er stellt fest, dass er sich völlig schmerzfrei außerhalb seines physischen Körpers befindet, und kann diesen zumeist von oben betrachten. Er vermag Dinge zu sehen und Gespräche zu hören – auch außerhalb des Raumes, in dem sich sein Körper befindet – und sie später überprüfbar zutreffend wiederzugeben, obwohl er körperlich vollkommen bewusstlos ist. Oft kommt es zu einer Rückschau auf das gesamte Leben, die als »Lebensfilm« oder »Lebenspanorama« bezeichnet wird. Häufig wird mit der Trennung vom Körper eine Bewegung durch einen Tunnel erlebt, an dessen Ende sich ein Licht von großer Anziehungskraft befindet. Es kommt zur Begegnung mit vor ihm Verstorbenen, die ihm nahestanden und ihn nun helfend begleiten. Es begegnet ein Licht von im Wortsinne unbeschreiblicher, nicht blendender Helligkeit und umhüllender Wärme, das als ein »Lichtwesen« erlebt wird und ganz und gar Liebe ist. Damit einhergehen kann ein Gefühl, in völliger Klarheit mit einem allumfassenden Wissen in Verbindung zu stehen. Die Rückkehr in den Körper wird widerstrebend vollzogen, weil sie als Verlust von überwältigenden Gefühlen von Liebe, Freude und Frieden empfunden wird, von denen man sich nie wieder trennen möchte. Die Erinnerung an das Erlebte macht frei von jeder Furcht vor Sterben und Tod und hat zum Teil weitreichende Veränderungen der Lebenseinstellung und der konkreten Lebensführung im Sinne von positiver Hinwendung zu den Mitmenschen zur Folge. Mitunter wird deshalb in einen sozialen Beruf gewechselt. Das Erlebte bleibt auch über lange Zeiträume bis ins Detail unvergessen. Die Folgewirkungen sind von großer Nachhaltigkeit.

Unter diesen Erlebnissen nimmt die Lichterfahrung eine besondere Stellung ein. Sie ist von der größten Nachhaltigkeit und wird zumeist als eine Form der Gottesbegegnung empfunden. Der Gewinn an Angstfreiheit und Gelassenheit in der Einstellung zu Leben und Tod ist bei Rückkehrern, die von dem »Lichtwesen« erfasst wurden, signifikant größer als bei allen, deren NTE diesen Vorgang nicht enthielt. Das Licht wird als bedingungslos liebend beschrieben, auch dann, wenn beim Ablauf des »Lebensfilms« – zutreffender wohl »Lebenspanoramas« – Verfehlungen des Lebens vor Augen stehen. Durch und durch verständnisvoll und mitfühlend wird durch das liebende Licht dazu geholfen, diese als Lernsituationen zu begreifen und sie im eigenen Urteil angemessen zu bewerten.

Der herausragende Stellenwert der Lichterfahrung aber besteht darin, dass auch die neurologische Betrachtung der Nahtoderlebnisse den Schluss zulässt, dass dieses Licht einer Quelle außerhalb des Körpers entstammt. Mystische Erfahrungen, so konnte die Hirnforschung feststellen, sind mit Schaltstellen in den Schläfenlappen des Gehirns verbunden und lassen sich deshalb durch Einwirkung auf diese auch sozusagen künstlich auslösen. Viele Erlebnisse von Rückkehrern aus dem Sterbeprozess können auf diese Weise auch experimentell zustande gebracht werden, nie aber die Lichterfahrung.

Es lässt sich hier auch ein Bezug zu einer der gewichtigsten Antworten der Bibel herstellen, die sich in ihr finden lassen, zur Antwort auf die Menschen schon immer bewegende Frage nämlich, wo der unsichtbare Gott denn »ist«, wo er sich befindet. Im Neuen Testament sagt dazu der 1. Timotheusbrief, Gott wohne »in einem Licht, in das hinein niemand kommen kann« (Kapitel 6, 16). Auch etliche Aussagen in den Psalmen des vorderen Teils der Bibel, die ja häufig auf sehr persönlicher Erfahrung beruhen, lassen sich hier zuordnen, wenn es zum Beispiel heißt: »Herr, lass leuchten über uns das Licht deines Antlitzes!« (Ps. 4, 7) oder: »Licht ist dein Kleid, das du anhast« (Ps. 104, 2).

Zieht man zu diesen biblischen Aussagen Berichte über Nahtoderfahrungen zum Vergleich heran, so legt sich die Vermutung nahe, dass auch solchen Bibelworten Nahtoderlebnisse zugrunde liegen. Zumal diese ja nicht durch die Mittel der modernen Medizin überhaupt erst hervorgebracht werden, quasi als deren Nebenprodukt. Vielmehr ist es nur so, dass aufgrund der heutigen medizinischen Möglichkeiten zur Wiederbelebung von »klinisch« bereits Toten NTE weit häufiger erfasst werden. Sofern allerdings ihren Trägern auch Glauben geschenkt wird. Auch das ist zunehmend der Fall, je mehr über die Dinge geschrieben und gelesen wird.

Dass NTE vielfach aber auch völlig unabhängig von medizinischen Vorgängen auftreten, zeigt das oben zitierte Beispiel einer solchen als Folge einer Lawinenverschüttung. Es hat solche Erfahrungen also schon immer gegeben, weil es immer schon unerwartetes Überstehen von akuter Todesgefahr gegeben hat. Auch das spiegeln die Psalmen wider: »Deine Güte ist groß gegen mich, du hast mich errettet aus der Tiefe des Todes« (Ps. 86, 12).

Die Sterbeforschung muss sich allerdings damit auseinandersetzen, dass die wissenschaftliche Seriosität danach verlangt, den Zustand »Tod« als einen solchen zu definieren, von dem her es *keine* Rückkehr in die raumzeitliche Existenz mehr geben kann. Wer reanimiert werden konnte, kann per Definition nicht wirklich als bereits einmal verstorben gelten, selbst wenn zuvor auch keine Hirnströme mehr messbar waren. Dennoch sind Sterbeforscher der Überzeugung, dass die Lichterfahrung in ihrer Einzigartigkeit und mit der Unauslöschlichkeit ihrer Folgewirkungen – nach Jahrzehnten noch wird sie genau erinnert – einen echten Blick über eine letzte Grenze in eine mögliche Existenzweise der Verstorbenen darstellt. Was man auch darin bekräftigt sieht, dass sich die Erlebnisse im Komplex der Lichterfahrung weitgehend gleichen, selbst wenn die religiösen Überzeugungen, mit denen die betreffenden Personen zuvor gelebt haben, völlig unterschiedlich waren. Und es lässt sich auch fragen, ob die unserem raumzeitlich gebundenen Denken entspringende Definition von Tod als einem Zustand, aus dem es keine Wiederkehr geben kann, mit Erfahrungen aufgehen kann und muss, die offenkundig in einer von Raum und Zeit unabhängigen Bewusstseinsverfassung zustande kommen.

Auch die Parapsychologie, die an Universitäten nach wissenschaftlich seriösen Kriterien betrieben wird, hat Zugang zu Nahtoderlebnissen und kann sie in ihre Sichtweisen einordnen. Sie sieht Möglichkeiten der Außersinnlichen Wahrnehmung (ASW) als erwiesen an und ist von daher der Überzeugung, dass mit NTE zumindest in Teilen echter Einblick in die Seinsweise nach dem Tode verbunden ist. Universitätstheologie und Kirche allerdings zeigen kein ernsthaftes Interesse. Befassung mit dieser Materie scheinen sie für sich selbst als irrelevant anzusehen. Ihre dogmatische Denkweise und insbesondere wesentliche Aussagen des Apostolischen Glaubensbekenntnisses sind offenbar jeder grundsätzlichen Infragestellung entzogen. Der altherkömmliche Bekenntnistext scheint in allen seinen Aussagen mit einer vollständigen Tabuisierung belegt zu sein. Einer der hauptsächlichen Gründe dafür in der jüngeren Vergangenheit besteht darin, dass das »Apostolische« Credo einer der wenigen Texte ist, denen in fast allen Kirchen ein offizieller Stellenwert von zentraler Bedeutung zukommt.

Diese aufzuheben wäre in der Tat folgenreich, obgleich nicht nur im Sinne von Abkehr, sondern auch im Sinne eines Neugewinns an Glaubwürdigkeit, des eigentlichen Lebenselixiers von Kirche. In den dokumentierten Nahtoderlebnissen findet sich von der dogmatisierten, christlich-traditionellen Ausstattung des Endes der diesseitigen und des Seins in der jenseitigen Welt kaum etwas wieder. Bemerkenswert dagegen ist, dass die Befassung des Lichtwesens mit den Verfehlungen im Leben des Einzelnen sich in Übereinstimmung befindet mit einer Auffassung des Begriffs der Sünde, wie er in der Epoche der christlichen Aufklärung entstanden ist. Sie sieht Sündigen als ein nicht unerhebliches Fehlverhalten an, aber als eines, das der Mensch durch Einsicht überwinden kann, das ihm als Anstoß für Lernvorgänge zu einer positiven Entwicklung hilft.

So haben es Gotthold Ephraim Lessing (gestorben 1781) und andere gesehen. Und so findet es nun eine bestimmte Bestätigung: Durch Einsichts- und Lernfähigkeit wird das, was im kirchlich-anspruchsvollen Sinne Sünde heißt, im Nahtoderleben mit göttlicher Hilfe geklärt und bewältigt. Überhaupt sieht die Mehrzahl der Menschen, die ein intensives Nahtoderlebnis hatte, darin eine Gotteserfahrung, was so weit gehen kann, dass jemand es fortan ablehnt, seine Überzeugung von der Existenz Gottes als Glauben zu bezeichnen, sondern nur noch das Wort Wissen dafür gelten lässt. Dem entspricht die völlige Angstfreiheit beim Gedanken an den noch ausstehenden Tod.

Es wird vor diesem Hintergrund erneut unübersehbar, welche Fehlentwicklung ein Glaubensverständnis genommen hat, wenn es Glauben als die erfahrungsfreie Zustimmung zu einer kirchlich festgeschriebenen Lehre proklamiert. Menschen mit Nahtoderlebnissen können damit nichts mehr anfangen. Ihre praktizierte Kirchlichkeit, so wird in Berichten vielfach angegeben, ist – wenn eine solche vorhanden war – eher rückläufig. Und dies, obwohl religiöse Gefühle intensiver werden und oft ein gesteigertes Interesse an Spiritualität besteht. Auch vollzieht sich häufig in Einstellung und Verhalten ein durchaus christlich zu nennender Wertewandel: Die Beziehung zu anderen Menschen wird mitfühlender und toleranter, und nicht selten verliert die gesellschaftlich so dominante Wertschätzung materieller Güter stark an Bedeutung zugunsten eines größeren Stellenwerts der immateriellen Seite des Lebens. Damit einhergehen kann, wie schon erwähnt, sogar ein Berufswechsel oder das ehrenamtliche Engagement in einer Tätigkeit, in der man hilfreich für andere da ist. Dass es zu Mitarbeit in Hospizdiensten kommt, liegt besonders nahe.

Nahtoderfahrungen sind keine ausgesprochene Seltenheit, aber auch kein Regelfall, sondern Ausnahmesituation. Wir können sie mehrheitlich als solche einfach nur zur Kenntnis nehmen. Geschieht dies aber ohne grundlegenden Zweifel an der Ehrlichkeit und Lauterkeit derer, die darüber berichten, so können sie auch für andere als

179

nur ihre Träger selbst für die innere Auseinandersetzung mit Sterben und Tod lohnend und hilfreich sein. Darüber hinaus lässt sich die Frage stellen, ob es allgemeine, jedermann zugängliche Erfahrungen gibt, die sich hier zuordnen lassen, selbst wenn sie als Beweise in einem streng wissenschaftlichen Sinne nicht gelten können. So wie Jesus argumentieren konnte: »Seht euch die Vögel unter dem Himmel an ...«. Was schließlich jeder tun kann.

Im Unterschied zur Lehre von der allgemeinen Auferstehung der Toten aus ihren Gräbern an einem noch ausstehenden Jüngsten Tage kann von der Auffassung, dass zum Menschen etwas von seinem physischen Dasein und seiner materiellen Existenz Unabhängiges gehört – man nenne es Seele oder Geist oder beides –, gesagt werden, dass diese Vorstellung nicht von vornherein mit Verstand und Vernunft in unaufhebbarem Streite liegt. Schließlich ist sie derzeit ja auch Gegenstand der Hirnforschung, die dazu allerdings bisher noch nicht zu konsensfähigen Ergebnissen gekommen ist.

Was dagegen der allgemeinen Lebenserfahrung zugänglich ist, ist das Erleben von Menschen an sich selbst und/oder bei anderen, dass es keine zwingende Notwendigkeit gibt, das Geistig-Seelische als materiell hervorgebracht zu sehen, als ein Produkt des Gehirns, mit dessen Absterben es erlischt. Vielmehr sind nicht nur »psychosomatische« Zusammenhänge etwas, was jeder an sich und anderen wahrnehmen kann, sondern auch Phänomene des Lebens, die für eine Eigenständigkeit der geistig-seelischen Seite unseres Menschseins sprechen. Schwerste körperliche Beeinträchtigungen schließen höchste geistige Leistungen nicht aus. Einer der berühmtesten Physiker der Gegenwart, Stephen Hawking, ist nicht das einzige Beispiel dafür. Und mit dem alterungsbedingten körperlichen Abbau kann gleichzeitig auch bei jedem Menschen eine Gegenbewegung des geistig-seelischen Wachstums einhergehen. Einen Begriff wie »Altersweisheit« könnte es ohne dies gar nicht geben. Aus dem Alter abgeleitete Autorität, die zumindest besonderen Persönlichkeiten noch immer zugestanden wird, hätte dann nur noch Begründung aus traditionellem, eher äußerlichem Respekt. Dem ist aber in der Regel nicht so. Was die Erforschung und Auswertung der Nahtoderlebnisse für den Glauben besonders wichtig macht, ist die Tatsache, dass es dabei keine Erfahrungen gibt, aufgrund derer dem Vorgang des Sterbens mit Furcht und Grauen entgegenzusehen wäre. Ist das Sterben Folge einer nicht mehr heilbaren Krankheit, so ist ja eine effektive Schmerztherapie möglich. Dies vorausgesetzt, muss nunmehr weder das Sterben als solches noch der Blick auf seinen Ausgang, den wir Tod nennen, von Ängsten beherrscht sein. Vielmehr bestätigt sich das Gottesbild des Jesus aus Nazareth, der Gott mit einem stets gütigen Vater vergleicht, den er deshalb in einem familiär-vertraulichen Ton mit »Abba« anreden kann. Dieses Bild – nur ein Bild! – steht in bester Übereinstimmung mit der Lichterfahrung in Nahtoderinnerungen.

So ist ein Glaube möglich, der sich nicht auf etwas einlassen muss, das völlig verstandes- und erfahrungswidrig ist. Sondern einer, der auch mit Erfahrungswissen einhergeht – mit fremdem, aber auch eigenem – und der letzte Ungewissheit zwar nicht zu beseitigen, jedoch auszuhalten vermag. Womit sich die Antwort auf die letzte Frage des Lebens auch in Joseph von Eichendorffs berühmtem Gedicht »Mondnacht« wiederfinden kann, dessen letzte Zeilen lauten: »Und meine Seele spannte weit ihre Flügel aus, flog durch die stillen Lande, als flöge sie nach Haus.«

Schluss: Was einfach glauben bedeutet

● Einfach glauben ist immer vertrauen. Einfach glauben ist das, was bleibt, wenn wir Glaubensgegenstände und Glaubenslehren hinter uns lassen, die Vertrauen nicht wecken können. Einfach glauben ist damit Befreiung von negativen Gottes- wie Menschenbildern und von der Furcht, die sie auslösen.

● Einfach glauben erwächst aus der Selbstevidenz, dem unmittelbaren Einleuchten, aus der Einsehbarkeit und Glaubwürdigkeit der Botschaften des Jesus aus Nazareth.

● Dazu, einfach zu glauben, gehört Beten als eine Haltung des Sich-Anvertrauens, des Offenseins fürs Empfangen. Beten geschieht im Vertrauen, dass Gott weiß, was ich brauche und was gut für mich ist.

● Einfach glauben als Nachfolge ist nicht Gehorsam leisten, sondern bedeutet, von der selbstevidenten Wahrheit des »Evangeliums Gottes« (Mk. 1, 14) erfasst und in Gang gesetzt zu werden, wie Jesus es verkündigt hat. Nachfolge beschreitet neue Wege auch da, wo von alten nicht abzuweichen als vorgeschrieben gilt.

● Einfach glauben heißt einfach handeln; einfach handeln heißt selbstverständlich handeln; selbstverständlich ist es, weil es für den Mitmenschen einfach nötig ist.

● Einfach glauben führt in die »herrliche Freiheit der Kinder Gottes« (Paulus), in der ich über die Praxis der Gebote Gottes deren Sinn entsprechend selbst und frei entscheide.

● Einfach glauben als fundamental vertrauen ermöglicht Distanz zu den materiellen Dingen des Lebens, weiß Verzicht als Gewinn zu begreifen, Lebensqualität und Lebensstandard zu unterscheiden.

● Vertrauender, von Furcht freier Glaube kann die Vorstellung von einer allgemeinen Totenauferstehung zu einem Jüngsten Gericht hinter sich lassen und die Überzeugung teilen, dass es auch eine nicht materiell gebundene Wirklichkeit gibt, wie sie etwa Menschen mit Nahtoderfahrungen zugänglich geworden ist.

Literatur

In der Literaturliste sind sowohl im Text zitierte als auch weiterführende Titel aufgeführt.

Alt, Franz: Der ökologische Jesus. Vertrauen in die Schöpfung, Gütersloh 1999

Berger, David: Der heilige Schein. Als schwuler Theologe in der katholischen Kirche, 4. Aufl., Berlin 2011

Bieneck, Andreas u. a. (Hg.): »Ich habe ins Jenseits geblickt«. Nahtoderfahrungen Betroffener und Wege, sie zu verstehen, 2. Aufl., Neukirchen-Vluyn 2006

Bonhoeffer, Dietrich: Nachfolge, Werke, Bd. 4, Gütersloh 2008

Braun, Herbert: Jesus. Der Mann aus Nazareth und seine Zeit, Stuttgart 1969

Bruhn, Jörgen: Blicke hinter den Horizont. Nahtoderlebnisse: Deutung und Bedeutung, 2. Aufl., Hamburg 2009

Custer, Dan: Kraftquelle Positives Denken, München 1989

Deschner, Karlheinz (Hg.): Woran ich glaube (mit Beiträgen von G. Anders, E. Bornemann, H. v. Hentig, K. Popper, J. Ph. Reemtsma, T. Ungerer u. a.), Gütersloh 1990

Drewermann, Eugen: Ich steige hinab in die Barke der Sonne. Meditationen zu Tod und Auferstehung, 6. Aufl., Düsseldorf 1993; Das Matthäus-Evangelium. Bilder der Erfüllung, Teil 1, 2. Aufl., Olten 1992; Teil 2, 2. Aufl., Düsseldorf 2000; Teil 3, Düsseldorf 1995

Ehrmann, Bart D.: Jesus im Zerrspiegel. Die verborgenen Widersprüche in der Bibel und warum es sie gibt, Gütersloh 2010

Fromm, Erich: Haben oder Sein. Die seelischen Grundlagen einer neuen Gesellschaft, Stuttgart 1976

Geißler, Heiner: Was würde Jesus heute sagen? Die politische Botschaft des Evangeliums, Berlin 2003

Halbfas, Hubertus: Glaubensverlust. Warum sich das Christentum neu erfinden muss, Ostfildern 2011

Harnack, Adolf von: Das Wesen des Christentums, Gütersloh 1977

Hüsch, Hanns Dieter: Ein gütiges Machtwort. Alle meine Predigten, Düsseldorf 2001

Jens, Walter (Hg.): Der barmherzige Samariter (mit Beiträgen von C. Amery, W. Dirks, I. Fetcher, N. Greinacher, D. Sölle u. a.), Stuttgart 1973

Koch, Herbert: Der geopferte Jesus und die christliche Gewalt, Düsseldorf 2009; Jenseits der Strafe. Überlegungen zur Kriminalitätsbewältigung, Tübingen 1988

Krieger, Klaus-Stefan: Was sagte Jesus wirklich? Die Botschaft der Spruchquelle Q, Münsterschwarzach 2003

Kuitert, Harry M.: Kein zweiter Gott. Jesus und das Ende des kirchlichen Dogmas, Düsseldorf 2004

Kunstmann, Joachim: Rückkehr der Religion. Glaube, Gott und Kirche neu verstehen, Gütersloh 2010

Lenzen, Majella: Das möge Gott verhüten. Warum ich keine Nonne mehr sein kann, Köln 2009

Lohmeyer, Ernst: Das Vater-unser, 5. Aufl., Göttingen 1962

Lommel, Pim van: Endloses Bewusstsein. Neue medizinische Fakten zur Nahtoderfahrung, 2. Aufl., Düsseldorf 2009

Moser, Tilmann: Von der Gottesvergiftung zu einem erträglichen Gott. Psychoanalytische Überlegungen zur Religion, Stuttgart 2003

Oschwald, Hanspeter: Auf der Flucht vor dem Kaplan. Wie uns die Kirche den Glauben austrieb, München 2011

Petersen, Claus: Die Botschaft Jesu vom Reich Gottes. Aufruf zum Neubeginn, Stuttgart 2005

Robinson, James M.: Jesus und die Suche nach dem ursprünglichen Evangelium, Göttingen 2007

Rosien, Peter: Mein Gott, mein Glück. Ansichten eines frommen Ketzers, Oberursel 2007

Schmidbauer, Wolfgang: Helfen als Beruf. Die Ware Nächstenliebe, Hamburg 1992

Schottroff, Luise/Stegemann, Wolfgang: Jesus von Nazareth – Hoffnung der Armen, 2. Aufl., Stuttgart 1981

Spong, John Shelby: Die Sünden der Heiligen Schrift. Wie die Bibel zu lesen ist, Düsseldorf 2005

Voigt, Emilio: Die Jesusbewegung. Hintergründe ihrer Entstehung und Ausbreitung – eine historisch-exegetische Untersuchung über die Motive der Jesusnachfolge, Stuttgart 2008

Weder, Hans: »Die Entdeckung des Glaubens im Neuen Testament«, in: Glauben heute, hg. von der Synode der EKD, Gütersloh 1988

Wellershoff, Dieter: Der Himmel ist kein Ort, Roman, 5. Aufl., Köln 2010

Wiechert, Ernst: Das einfache Leben, München 2002

Wind, Renate: Dem Rad in die Speichen fallen. Die Lebensgeschichte des Dietrich Bonhoeffer, 2. Aufl., Weinheim, Basel 1991

Wolff, Hanna: Jesus als Psychotherapeut, Stuttgart 1978

Zahrnt, Heinz: Jesus aus Nazareth. Ein Leben, München 1987

Zink, Jörg: Das christliche Bekenntnis. Ein Vorschlag, Stuttgart 1996; Auferstehung. Und am Ende ein Gehen ins Licht, Stuttgart 1999

Publik-Forum *Edition*

Eugen Drewermann

Nur die Liebe lehrt uns glauben

Auf dem Kirchentag 2011 in Dresden hielt Eugen Drewermann seinen bewegenden Vortrag zum Thema »Wir glauben, weil wir lieben«. Das Kino war komplett belegt. Das Publikum war von diesem Vortrag tief berührt. Eugen Drewermann hat den Vortrag überarbeitet und ergänzt. Der Text erscheint mit dem Titel »Nur die Liebe lehrt uns Glauben«.

96 Seiten. Bestell-Nr. 2952

Wolfgang Kessler

Geld regiert die Welt. Wer regiert das Geld?

In diesem Buch erzählt der Ökonom und Journalist, was normalerweise nur Insider verstehen: wie es zum Finanzchaos von heute kam, wie die Politik dieses Chaos möglich machte, welche Geburtsfehler den Euro bedrohen und – natürlich – wie wir aus diesem Schlamassel wieder herauskommen. Spannend wie ein Krimi, leicht verständlich und bewegend.

96 Seiten. Bestell-Nr. 2953

Friedhelm Hengsbach

Gottes Volk im Exil

Anstöße zur Kirchenreform

Friedhelm Hengsbach legt die »offenen Wunden« der Kirchen offen, insbesondere jene der katholischen Kirche. Er zeigt auf, dass die Institutionen für viele Glaubende zu Räumen der Fremde geworden sind. Das Volk Gottes lebt im Exil, innerhalb und außerhalb der Kirchen. Doch dieses Leben im Exil schafft Raum für Veränderung – spirituell, theologisch und kirchlich. Ganz in diesem Sinne legt Hengsbach Bausteine für eine neue Architektur der Kirchen, für ihre Reform an Haupt und Gliedern, vor.

192 Seiten. Bestell-Nr. 2947

Bestellung an: Publik-Forum, Postfach 2010, D-61410 Oberursel, Tel.: 06171/700310, Fax: 06171/700346, E-Mail: Shop@Publik-Forum.de   **Bestellungen im Internet:** www.publik-forum.de/shop